Não vai doer assim para sempre

Clare Mackintosh

Não vai doer assim para sempre

Um guia para atravessar a dor da perda

Tradução:
Regiane Winarski

principium

As informações contidas neste livro foram cuidadosamente pesquisadas pelo autor e pretendem ser uma fonte de informação. Para o tratamento de questões de saúde específicas, consulte um médico. Os nomes e as características de alguns indivíduos foram alterados para proteger suas identidades.

Texto fixado conforme as regras do Acordo Ortográfico da Língua Portuguesa (Decreto Legislativo nº 54, de 1995).

Título original: *I Promise It Won't Always Hurt Like This*

Editora responsável: Amanda Orlando
Editora de produção: Viviane Rodrigues
Editores-assistentes: Renan Castro e Rodrigo Ramos
Assistente editorial: Camila Novaes
Preparação: Pedro Siqueira
Revisão: Leandro Tavares e Luisa Tieppo
Diagramação: João Motta Jr.
Capa: Carolinne de Oliveira

1ª edição, 2025

CIP-BRASIL. CATALOGAÇÃO NA PUBLICAÇÃO
SINDICATO NACIONAL DOS EDITORES DE LIVROS, RJ

M144n

Mackintosh, Clare
Não vai doer assim para sempre : um guia para atravessar a dor da perda / Clare Mackintosh ; tradução Regiane Winarski. - 1. ed. - Rio de Janeiro : Principium, 2025.
264 p.

Tradução de: I promise it won't always hurt like this: 18 assurances on grief
ISBN 978-65-88132-66-1

1. Luto - Aspectos psicológicos. 2. Crianças - Morte. 3. Perda (Psicologia). 4. Dor - Aspectos psicológicos. I. Winarski, Regiane. II. Título.

25-99252.0 CDD: 155.937
CDU: 159.942:393.7

Carla Rosa Martins Gonçalves - Bibliotecária - CRB-7/4782

Direitos exclusivos de edição em língua portuguesa para o Brasil adquiridos por Editora Globo S.A.
Rua Marquês de Pombal, 25 — 20230-240 — Rio de Janeiro — RJ
www.globolivros.com.br

Para todo mundo que já amou e perdeu.
E para Alex.

SUMÁRIO

Introdução

Tenho quase cinquenta anos. Já perdi avós, amigos, pai e um filho. O luto percorreu a minha vida como linha por tecido; às vezes, fino como tule e quase ausente; outras, fazendo remendos grossos e desajeitados nos cortes. Na minha dor, sou mãe, filha, irmã, esposa, mulher, amiga.

Também sou escritora. Abordei o luto em tudo que escrevi, porque ele já tocou todas as partes de mim. Escrevo para entender o mundo, e o meu lugar nele, e para encontrar pessoas que sentem o mesmo que eu. Escrevo na esperança de que minhas palavras atinjam os outros, e para que eles leiam uma linha repetidas vezes e digam: *Isso. É isso que eu sinto*.

Meus livros tratam de perda, mas nunca escrevi explicitamente sobre o luto. Sobre a sensação que ele provoca, sua forma, sobre quanto é horrível. Sobre sua natureza mutante, seus paradigmas e sua passagem.

Eu nunca escrevi sobre o *meu* luto.

Sempre me pareceu um assunto grande demais para abordar sem o filtro da ficção; perigoso demais, como olhar diretamente para o sol. E se eu ficar cega? E se, quando meus olhos estiverem diante dele, eu não conseguir mais desviá-los? Por muito tempo, lidei com o meu luto separando-o em compartimentos. É uma habilidade apurada ao longo dos meus anos como policial, quando carregar uma bagagem emocional de um trabalho para o outro seria prejudicial a todos os envolvidos. Eu embrulhava minhas emoções em pacotinhos e os trancava até ter espaço e força para desembrulhá-los.

Contudo, nem sempre os desembrulhei.

Alguns momentos e sentimentos são tão difíceis e pesados que acabam ficando nas caixas, como a nostalgia que arrastamos de uma casa para a outra, enchendo nossos porões e garagens e armários embaixo de escadas. Relíquias de outras épocas, bagagem de que não mais precisamos. Não tocamos nelas por anos, mas não conseguimos nos separar delas. São parte de nós.

"Se escrevesse sobre a minha dor", pensei, "seria necessário desembrulhar as caixas. Teria que pegar meus sentimentos e examiná-los, um a um. Isso poderia acabar comigo. Com certeza acabaria comigo". E assim, continuei abordando o assunto de forma leve, usando meus personagens, como uma criança que empurra uma pessoa maior e mais corajosa na frente de si.

Entretanto, aqui estamos nós: no começo de um livro que é quase todo sobre luto. Você e eu, olhando para o sol.

No fim das contas, o que me motivou a escrever não foi o luto em si, e sim a ausência dele. Quatro anos atrás, no décimo-quarto aniversário de morte do meu filho, me dei conta de que dia era. Eu sabia a data, mas a importância dela tinha escorregado para os recônditos da minha mente, como acontece quando você prometeu ir a algum lugar ou fazer algo, mas não consegue lembrar aonde ou o quê.

A ficha caiu no centro de jardinagem, no meio da atividade seríssima de escolher a árvore de Natal perfeita. O aroma de pinheiro era inebriante e reconfortante, e eu fiquei por um momento naquela sala que mais parecia uma floresta, e logo não seria mais, avaliando minhas emoções, como se eu fosse uma pessoa da equipe de resgate num local de acidente, tateando com toda a delicadeza o corpo da vítima à procura de fraturas. Como eu me sentia? Qual era a gravidade dos meus ferimentos? Eu ainda estava respirando?

Estava.

Meu filho Alex tinha cinco semanas quando morreu.

Não consigo dar uma simples causa de morte. O limite para um idoso com câncer terminal pode ser uma falência de órgão, subnutrição, mas nós ainda assim culparíamos o câncer por levá-lo. Uma jovem morta num acidente de carro pode ter uma lesão fatal na cabeça, mas a causa da morte sem dúvida é o acidente. Meu filho nasceu com 28 semanas, e, ainda que não exatamente saudável e robusto, o prognóstico era bom. Melhor até do que o do irmão gêmeo, que foi direto para o respirador; as máquinas o mantiveram vivo, pois eu havia falhado. Ambos excederam as expectativas, ganharam peso e se alimentaram bem, evitando assim os muitos problemas de saúde associados à prematuridade.

Consequentemente, a piora rápida de Alex com três semanas foi inesperada e apavorante. Exames revelaram a presença de pseudômonas, bactérias que entram no guarda-chuva aparentemente benigno de "bicho hospitalar", como se fosse algo fácil de se livrar. E talvez ele tivesse mesmo conseguido, se não fosse prematuro, se não pesasse 1,3 kg, se em seguida não tivesse desenvolvido meningite.

Ele morreu de meningite?

Da hemorragia cerebral subsequente?

Ou da decisão que meu marido e eu acabamos tomando de pôr fim ao sofrimento dele?

A morte, assim como a vida, quase nunca é direta.

Nos dias seguintes à morte de Alex, eu constantemente me surpreendia por ainda estar viva. Parecia impossível que meu corpo continuasse funcionando enquanto eu estava vivendo o que provocava uma sensação de falência múltipla de órgãos. Minhas extremidades estavam dormentes e formigando, como se meu sangue tivesse dado uma olhada na distância que precisaria ser percorrida para chegar lá e tivesse decidido não ir. Algo esmagava meu peito: minhas costelas deviam estar quebradas, meus pulmões, uma fração do tamanho normal. Minha respiração saía rasa e irregular, cada inspiração mais breve do que a anterior; cada expiração mais difícil. Uma nuvem escura penetrou no meu cérebro, como tinta num mata-borrão, enevoando meus pensamentos e entorpecendo meus membros.

Em suma, eu estava morrendo.

No entanto, não morri, e houve ocasiões em que isso pareceu ainda mais cruel.

Ao longo dos anos, meu luto mudou de forma; as bordas irregulares se arredondaram para algo mais fácil de carregar. Ele alterou seu comportamento e ficou menos exigente, menos carente. Essas transições aconteceram, sem exceção, enquanto eu olhava para o outro lado, assim como uma viagem de trem engole os quilômetros quando você está absorto num livro. Eu olhei para a frente naquele 14º aniversário, cercada por árvores de Natal, e percebi que tinha viajado mais do que achava possível. Não tinha acordado naquela manhã com uma dor de cabeça tão sufocante que me impedisse de falar, como em todos os anos anteriores. Não havia mais algo apertando meu peito, fazendo cada respiração parecer a última. A dor continuava lá, mas não me consumia mais.

Ficou mais fácil.

Vai ficar mais fácil para você também.

Essa é a minha promessa. Parece uma coisa tão besta para servir de assunto a um livro inteiro, não é? Contudo, percebi que ouvir algo uma vez não basta para que acreditemos, sobretudo quando a cabeça está dizendo uma coisa completamente diferente.

Foi sua culpa.

Você devia ter feito mais.

Se ao menos...

Se ao menos...

Se ao menos...

Depois escrevo mais sobre isso.

Não tem nada de mágico em catorze anos. Se você está sofrendo pela perda agora, essa sensação é real e bruta. Podem ser três anos, ou sete, ou vinte até que você acorde sem sentir o luto entalado na garganta. Eu sei quanto dói. Entretanto, também sei, de forma tão íntima e segura quanto conheço a dor em si, que você nem sempre vai se sentir assim.

Podemos tentar analisar a dor do luto; rotular nossas emoções; discutir a ciência por trás da dor física que estamos sentindo. No entanto, a dor é maior do que isso, mais intencional. Ela segue um caminho próprio. Ao longo dos anos, aprendi a não lutar contra a dor do luto, e sim prestar atenção nela. Aceitá-la como parte de mim, assim como eu aceito as dores corporais e as cicatrizes, os cabelos brancos e as rugas.

***

Este livro é estruturado em torno de uma série de promessas: meu compromisso com você é que o sol vai nascer de novo. É uma conversa, e não uma aula; uma história de esperança, e não de perda. É um livro para você voltar a consultar quando estiver em apuros; para dar a um amigo quando você não souber o que dizer. Um livro para aqueles momentos em que você precisa de uma voz gentil como companhia. Há aqui dezoito promessas, uma para cada ano que vivi sem meu filho; a cada ano, eu cresci em torno da minha dor.

Quase ninguém fala abertamente sobre a morte, e eu me lembro de me sentir muito solitária no meu luto inicial. Não sabia se estava "fazendo as coisas direito", se o que estava sentindo era normal, tampouco onde encontrar as respostas.

A resposta simples é que tudo que você estiver sentindo é normal.

A resposta complexa é este livro.

No dia 10 de dezembro de 2020, o décimo-quarto aniversário da morte de Alex, depois que escolhemos uma árvore de Natal e fomos para casa, compartilhei meus pensamentos no Twitter (atual X). Queria oferecer esperança a qualquer um que ainda estivesse no começo da jornada pelo luto, garantir que nem sempre doeria tanto. Eu também queria marcar o momento para mim mesma.

Parecia um marco importante. Uma conquista, até, porque sentir a dor do luto é um ato, e não uma licença.

Vários anos depois, ainda recebo todos os dias mensagens em resposta àquela postagem. Eu li dezenas de milhares de histórias, de pessoas do mundo inteiro, em fases diferentes do luto. Chorei pelos que não veem futuro e fiquei feliz pelos que não estão só sobrevivendo, e sim prosperando. Respondi ao máximo de mensagens que pude e, quando não dei mais conta, escrevi este livro. Por um tempo, as palavras que eu tinha postado no Twitter foram suficientes. Elas chegaram a quase 20 milhões de pessoas, e eu sabia pelas respostas que tinham oferecido consolo.

Contudo, havia mais a ser dito.

Eu queria acrescentar as promessas que tinha feito e junto oferecer sugestões práticas. Percebi que estava preparada para desembrulhar minha dor do luto e considerar quais elementos eram universais. Meu filho teria feito dezoito anos este ano, e parece certo estar trabalhando em algo em nome dele; o meu menino não chegou à maioridade, mas minha dor, sim.

Também estou pensando em como achei difícil estar on-line quando minha dor estava no ápice. Um comentário mal escrito ou uma propaganda no lugar errado podia me abalar por dias.

Um livro, no entanto...

Um livro contém só o que ele promete na capa. Não tem nada chegando nas suas mensagens, nem piscando na sua linha do tempo. Um livro devolve o poder ao leitor.

Esta é a minha jornada pelo luto, mas é a sua também. Em cada canto do mundo, em cada minuto do dia, pessoas estão sofrendo pela perda de alguém amado. A dor do luto é universal, mas, assim como as nossas experiências de morte são diferentes, as emoções que a acompanham também são. A sua dor é tão única quanto você, tão única quanto o relacionamento que você mantinha com a pessoa que perdeu, e o que quer que você esteja sentindo é válido e real. Eu me concentrei nos elementos da dor que parecem comuns a tantos de nós, com base nas mensagens que recebi. Você vai querer reler algumas páginas várias vezes; nelas, vai colocar marcadores ou pedaços de papel rasgado, ou escrever algo nas margens. *Isso. É isso que eu sinto*. Contudo, vai haver capítulos em que as palavras não falarão com você da mesma forma, em que você sentirá como se elas dialogassem com uma pessoa completamente diferente, e tudo bem também. Pule e não se preocupe nem um segundo de estar fazendo algo errado por não sentir o que eu senti. Cada um sofre do seu jeito.

Não sou especialista em luto. Não sou diferente de você, exceto, talvez, por estar um pouco mais à frente nessa jornada que nenhum de nós queria ter que fazer. Eu não poderia ter escrito este livro logo depois de o meu filho morrer, mas queria tê-lo lido. Queria ter tido algo assim no momento em que precisava.

Ao longo dos anos, li muitos livros sobre luto e tentei ler muitos outros. Logo depois da minha perda, na ocasião em que mais precisava encontrar consolo num livro, o que encontrei foram listas sufocantes do que eu deveria estar fazendo. Encontrei parágrafos densos sobre psicologia com tentativas de explicações de por que eu estava sentindo o que estava sentindo, quando o motivo era, na verdade, bem simples. Meu filho tinha morrido. Não me ajudou, não na ocasião, entender como meu cérebro estava sendo inundado de cortisol nem como meu córtex pré-frontal (a parte responsável pela tomada de decisão) tinha se aposentado temporariamente. O que eu queria saber era que melhoraria, que eu não estava sozinha.

Seus amigos e familiares vão procurar você nos dias especiais, no Natal, nos aniversários, nas datas de um nascimento, mas nem os mais próximos dos amigos podem sempre prever os gatilhos que pegam você de surpresa. Uma música que você ouviu na última viagem que fizeram juntos; um perfume cujo cheiro antigamente você sentia no seu travesseiro todos os dias; o movimento do cabelo de alguém; um vislumbre de cachecol numa vitrine de loja; um par de sapatos, uma fotografia, um rótulo de vinho; flores.

Este livro é para esses momentos.

Você pode acabar descobrindo, como eu, que é impossível se concentrar por muito tempo. Por esse motivo, não há narrativas muito longas neste livro, nenhuma obrigação de percorrer cem páginas de momentos difíceis antes de a esperança surgir. Você pode ler do jeito convencional, do começo ao fim, ou retirar coragem de um único capítulo. Quando até isso parecer sufocante, a lista de promessas pode trazer consolo.

Seja como for que você o leia, espero que ajude. Prometo a você, e vou continuar prometendo até você acreditar em mim, que não vai doer assim para sempre.

Promessas

1. Eu prometo que não vai doer assim para sempre.
2. Eu prometo que nem sempre você vai passar a noite em claro, chorando até não conseguir respirar.
3. Eu prometo que as ondas de luto não vão te afogar.
4. Eu prometo que você vai encontrar um jeito de dizer adeus.
5. Eu prometo que você vai encontrar um motivo para seguir em frente.
6. Eu prometo que esse não vai ser sempre o seu primeiro pensamento assim que acordar.
7. Eu prometo que você não vai sempre temer o pior.
8. Eu prometo que você não vai sempre sentir tanta raiva.
9. Eu prometo que você não vai sempre sentir tanta culpa.
10. Eu prometo que você não vai sempre sentir tanto cansaço.

11. Eu prometo que você vai encontrar alguém que entende.
12. Eu prometo que você não vai sempre se abalar com a felicidade de outra pessoa.
13. Eu prometo que você não vai sempre ficar arrasado em aniversários.
14. Eu prometo que você não vai sempre se atormentar com perguntas que não consegue responder.
15. Eu prometo que você vai ser feliz de novo.
16. Eu prometo que que um dia você vai conseguir passar isso adiante.
17. Eu prometo que você não vai esquecer.
18. Eu prometo que não vai doer assim para sempre.

UM

Eu prometo que não vai doer assim para sempre

Eu não sabia que mês era, mas havia flores, então devia ser primavera. Algumas semanas depois da morte de Alex, acho. Dois meses, no máximo. As flores estavam pesadas com a chuva retida em seu centro, os caules, enrolados em papel-toalha e papel-alumínio. Junto das flores havia uma mulher.

— Como você está? — perguntou ela.

Como eu estava?

Eu estava morrendo. Meus batimentos cardíacos estavam erráticos, um latejar nos meus ouvidos como um jato distante. Um mal-estar me invadia como se eu estivesse gripada, e minha pele estava tão sensível ao toque que eu só conseguia usar roupas leves, que não entravam na máquina de lavar havia uma semana ou mais. Meu marido estava no trabalho, e nosso gêmeo sobrevivente ainda na UTI, então a mulher devia ter me encontrado num raro momento em casa. Eu me perguntei se ela tinha passado lá em outros momentos e se não era a segunda ou terceira vez que passeava com as flores.

— Estou bem — falei. O roteiro é esse, não é? Imagino que você teria dado a mesma resposta, o corpo ereto, os ombros para trás e o queixo erguido, para disfarçar o fato de que por dentro você está desaparecendo. Ou gostaria de desaparecer. Você imita a posição da cabeça da pessoa.

— Duvido — disse a mulher das flores. — Posso entrar?

Cheguei para o lado. A mulher era estranha, mas isso por si só tinha deixado de ser estranho. As semanas tinham sido cheias de visitantes que não haviam sido convidados: médicos, pessoal da funerária, terapeutas de luto. Certa vez, até um vigário, enviado a pedido de um amigo da família de outra cidade. Eu não pedi a presença de nenhum deles. Não queria a presença de nenhum deles. Nunca queremos, mas o luto leva todos à nossa porta.

Nossa casa na ocasião era alta e estreita. Havia um jardinzinho com muro na frente, onde o gato dormia num canteiro de flores e o portão batia com o vento quando o carteiro o deixava aberto. Eu era a sargento de polícia da região, e meu trajeto para o trabaloh era de uma ponta da rua até a outra, prendendo minha gravata enquanto comia o que restava da torrada do café da manhã. Eu não ia ao trabalho havia muito tempo e não tinha ideia de quando voltaria.

— Sinto muito por seu filho ter morrido — declarou a mulher quando nos sentamos. Eu talvez tenha oferecido uma xícara de chá; ela talvez tenha aceitado. Eu estava olhando para as flores, para as mosquinhas saindo delas, mas, ao ouvir as palavras da mulher, ergui o rosto.

Quem quer que fosse, ela também tinha perdido alguém.

Dá para saber, não dá? Às vezes, está no jeito como a pessoa se porta, no sorriso direto que não se afasta do jeito que tantos olhares bem-intencionados o fazem, como se doesse ver nossa dor. Mais do que tudo, está no jeito como a pessoa fala. Fatos crus em vez de eufemismos. Diretos. Quase grosseiros. Foi isso que aconteceu. É horrível, mas não tem como fugir. Alguém morreu.

— Qual era o nome dele? — perguntou ela.

Acredito que essa seja a pergunta mais importante que você pode fazer a alguém de luto, mas posso contar nos dedos de uma das mãos quantas pessoas a fizeram. Elas perguntam *como ele morreu?*, como se a causa fosse mais importante do que a vida que ela levou.

O nome do meu filho era Alex. Nós escolhemos Alexander, sabendo que era um nome grande demais para um garoto tão pequeno. Quando ele nasceu, pus o mindinho na mão dele e imaginei o homem que ele se tornaria um dia.

Grande parte do luto tem a ver com ausência, não é? Não só a ausência da pessoa que amamos como também o roubo de lembranças ainda não criadas. As oportunidades perdidas. O pai que não leva a filha à igreja; a avó que não chega a segurar o primeiro neto. Alex, que nunca cresceu até o tamanho do nome.

Eu queria me lembrar do nome da mulher das flores. Queria me lembrar do nome do filho que ela perdeu. Ela ficou por uma hora, e o tempo todo eu segurei as flores que ela tinha levado e olhei para aquelas mosquinhas. Ela tinha colhido as flores do jardim dela, acho. Tinha dedicado um tempo a colhê-las, a enrolá-las em papel-toalha umedecido e levá-las até a porta de uma desconhecida que não conseguia nem fazer contato visual. Continua sendo uma das coisas mais gentis que já fizeram por mim.

— Eu prometo que não vai doer assim para sempre — disse a mulher. No começo, ela havia me contado, sua dor tinha sido insuportável. Achou que morreria de dor. Não conseguia falar, se mover, fazer as coisas. Ela me contou sobre o filho, como ele tinha morrido tantos anos antes. Ouvi a voz dela, sensata e calma, e não revelaria a ela nem por um milhão de reais o pensamento que me ocorria enquanto ela falava.

Entretanto, vou revelar a você.

Eu pensei: "Não é possível que você o amasse de verdade."

Não sinto orgulho disso, mas o luto não é feito somente de caminhadas meio distraídas por um cemitério e choro baixinho na mesa da cozinha. O luto não é romântico; é doloroso e feio, e muitas vezes tão cheio de raiva e amargura quanto de amor. A menos que alguém conte os pensamentos terríveis que teve, você vai achar que foi a única pessoa que um dia os teve, e o luto já é bem solitário por si só. Por trás de cada promessa neste livro, há um princípio fundamental: eu prometo ser sincera com você.

Se a mulher das flores tivesse amado de verdade o filho, raciocinei, ela não conseguiria falar sobre ele com tanta facilidade. "Olha só você", pensei, "vestida com roupas decentes, com um emprego, uma família, uma vida. Nunca mais vai ser assim. O meu filho morreu, e eu nunca vou superar, nunquinha."

— Ainda está muito no começo pra você — continuou a mulher. — Mas eu prometo que vai ficar mais fácil.

Em seguida, fiquei na cozinha chorando até não conseguir respirar. Eu pretendia botar as flores na água, mas encontrar um vaso estava além das minhas forças, e elas murcharam no escorredor de pratos. Não me importei. Eu não queria flores. Talvez nunca mais quisesse flores na vida.

As coisas *não ficariam mais fáceis*.

O luto que minha visita inesperada tinha vivido não era nada se comparado ao meu. O meu luto era real. Era bruto e agonizante e me destruiria. No futuro, eu não falaria sobre o meu filho com compostura, não apareceria na porta de uma desconhecida com flores e palavras de consolo, porque eu mesma ainda estaria destruída.

A *minha* dor era diferente.

Enquanto escrevo isto, é fevereiro. Ainda é inverno, tecnicamente, mas há sinais de primavera para todo lado que olho, e as geadas matinais dão espaço aos céus azuis, o bastante para indicar tempos melhores à frente. Nossa casa nova tem um jardim, um gramado amplo que vai na direção de alguns campos, e, brotando na grama entre as árvores, há dezenas de flores esperando para germinar. Todo outono, eu planto dezenas de outras, enterrando-as na grama como um tesouro. Pensar nelas me ajuda a atravessar o inverno. Eu não as vejo, mas sei que estão lá: promessas de primavera, percorrendo os dias escuros até chegar a hora.

No supermercado, há flores nas baias dos caixas, presas com elástico em brotos silenciosos. Cada uma custa uma libra. Uma libra! Onde mais se compra esperança por uma libra? Eu compro várias por semana, deixando que pinguem água sobre as minhas compras. As flores se abrem dois dias depois, radiantes, e, toda vez que as vejo, penso no meu menino.

Eu prefiro deixar as flores do meu jardim na terra; parece injusto arrancá-las depois de terem se esforçado tanto para florescer onde estão. Contudo, às vezes corto alguns caules mais longos para colocar num vaso.

— Que cheiro estranho é esse? — pergunta um adolescente, entrando no meu escritório. O mesmo adolescente que tantos anos atrás estava na UTI. O mesmo adolescente que perdeu um irmão gêmeo no dia em que perdi um filho.

— É primavera — digo, mas ele já se foi, em busca de algo mais interessante do que a mãe e um vaso de flores tortas. Meus dedos pairam sobre o teclado. Perdi o fio da meada. Um inseto minúsculo sai de dentro de uma flor e anda pelas pétalas onduladas, cada ondulação uma montanha em miniatura.

Vai ficar mais fácil, disse a mulher. Não melhor, e sim mais fácil.

E ficou.

DOIS

Eu prometo que nem sempre você vai passar a noite em claro, chorando até não conseguir respirar

Quando o estado de Alex agravou, fomos levados da ala hospitalar a uma sala conhecida como Sala Silenciosa. Ficava no fim de um corredor, e, conforme seguíamos o médico, eu me sentia como Alice, caindo em uma toca de coelho num mundo que não era meu. O corredor se prolongava, e eu queria que se prolongasse ainda mais, para nunca chegar ao fim. Entretanto, lá estávamos nós. *As deficiências do nosso filho*, disse o médico, *seriam gerais*. Era possível que ele nunca respirasse de forma independente e, mesmo que conseguisse, nunca andaria, falaria ou engoliria. Era altamente improvável que ele tivesse qualquer percepção do mundo ao redor.

Como odiei aquela sala, cheia do eco de más notícias, das lágrimas de incontáveis pais que temiam o futuro e choravam o passado. Irrompi num choro assim que o médico começou a falar e achei que não pararia nunca.

— Está na hora de tomar uma decisão — disseram.

Colocaram uma caixa nova de lenços de papel na minha frente, e fiquei olhando para ela enquanto deixava as lágrimas rolarem. Vi os joelhos da minha calça jeans escurecerem com os pingos de água salgada. Por cinco semanas, os médicos tomaram todas as decisões. Nós ouvimos com impotência enquanto drogas e fluidos eram ministrados e interrompidos, e vimos enfermeiros entrarem depressa para silenciar um alarme e aumentar o fluxo de oxigênio. Agora, no entanto, no mais crítico dos momentos, a decisão era nossa?

Você sabe o caminho que escolhemos. Se não tivéssemos feito isso, este livro seria diferente.

Houve um batismo. O capelão do hospital, espremido entre berços de acrílico; água benta administrada de um frasco. Alex com uma veste branca, emprestada do hospital. Eu me perguntei quantos outros bebês a tinham usado, quanto tempo tinham vivido depois.

No carro, indo do hospital para casa, não consegui parar de chorar. Meu filho não estava morto, mas no dia seguinte estaria. Vinte e quatro horas nunca pareceram tão longas nem passaram tão rápido.

Você pode ter entrado em luto de repente, ou pode, como eu, ter tido um aviso adiantado do inevitável. Um diagnóstico terminal, um período de doença. Uma decisão impossível. Essa dor antecipada não é menor do que depois da morte, e, de muitas formas, é mais difícil de lidar com ela. Você pode sentir a necessidade de "fazer cara de coragem" pela pessoa que está morrendo ou de ficar forte para fazer as inúmeras tarefas práticas exigidas de um cuidador. Por mais definitiva que a situação seja, resta a esperança desesperada de que algo possa mudar, uma segunda opinião, uma nova medicação, um milagre, e essa fé sem limites pode ser exaustiva por si só.

Chegando perto de casa, meu marido reduziu a velocidade. Havia um cervo na rua, na frente do Palácio de Blenheim. Estava machucado demais, mas lutava para sobreviver. Ele se debatia, os pulmões ainda a pleno vapor. Ir embora parecia impossível; acelerar a partida dele também. Nós saímos do carro e ficamos com ele ao luar, esperando até que ficasse imóvel e em silêncio. Inspiramos ar frio, estremecendo, sem conseguir encontrar palavras para o pesadelo em que estávamos, nos preparando para o que estava por vir.

A máquina de suporte à vida de Alex foi desligada no dia seguinte. Ele foi levado à Sala Silenciosa, onde os lenços de papel permaneciam intocados. Senti uma súbita onda de raiva: nenhuma outra mãe e nenhum outro pai tinha recebido uma notícia horrível daquelas nas últimas 24 horas. O médico deixou Alex conosco, e, pela primeira (e última) vez, ficamos só nós três.

Lá fora, ouvi um telefone tocar, assisti aos enfermeiros cuidarem da vida. Alguém estava rindo. Meu mundo parou de girar.

Depois, nós não queríamos ir para casa. Estávamos com medo de ficar sozinhos, acho, e nos sentíamos de repente mais filhos do que pais. Fomos para a casa da minha família, e, quando nossos faróis iluminaram a entrada de carros, a porta se abriu, e minha mãe apareceu pálida. Lembro-me de estar onde ela estava e abrir aquela mesma porta vinte anos antes, no dia em que meu avô morreu. Eu ficara abalada, do jeito que jovens ficam quando veem adultos chorarem; quando percebem que os adultos têm os mesmos sentimentos que eles. Meu pai parecia irritado, e foi só bem mais tarde, quando eu já era adulta, que entendi com que facilidade a dor e a raiva trocam de lugar.

— Vou precisar de vocês todos mais do que nunca — dissera minha avó quando paramos naquela porta aberta. Ela estava pequena, minúscula; frágil, parecendo um passarinho. Na época, me perguntei como alguém podia envelhecer tanto em um único dia. Agora, eu entendia. Quando meu marido e eu caminhamos para a casa, meus joelhos se dobraram com o peso da minha dor.

Minha mãe estendeu os braços.

— Ah, meu bebê. — Ela estava tentando não chorar, mas, ao ver minhas lágrimas, cedeu às dela.

A dor das pessoas que amam você é duplicada. O coração delas se parte uma vez com a morte de um neto, um amigo, um irmão; e então se parte uma segunda quando elas veem a sua dor.

***

Naqueles primeiros dias, eu achava que só sabia chorar. Só que *chorar* era uma palavra branda demais para o que eu estava vivenciando. Soluços brotavam de algum lugar no fundo de mim; eram terremotos que rompiam a superfície com lágrimas de lava que queimavam a minha pele e não pareciam ter fim. Minha barriga doía, minha garganta ardia e meu rosto estava vermelho, mas eu continuava chorando.

Meu marido também chorou. Não cabe a mim falar sobre o luto dele, mas acho que ele vai me permitir sair um pouco de mim nesse ponto específico. Não acredito que homens e mulheres passem pelo luto de um jeito diferente, mas, apesar de toda a igualdade que conquistamos nas últimas décadas, continuamos esperando que os homens sejam mais fortes do que as mulheres. É uma suposição perigosa e danosa, que só atrapalha nossa recuperação do luto.

— Como ela está? — Ouvi alguém dizer certa noite perto da porta de entrada. Era a vizinha, que tinha vindo trazer uma lasanha. Ela devia estar de olho no nosso carro. Nós mal tínhamos tirado o casaco depois de dez horas no hospital. Eu estava na cozinha, com um pano de prato inútil nas mãos. Não fui até a porta. Apreciei a gentileza, eu *precisava* dela, mas naquela época muitas vezes eu não era capaz de recebê-la. Olhei para a camada de gordura no fogão intocado. Peguei o pano de prato e o dobrei de outro jeito.

— Nós estamos indo. — Ouvi meu marido dizer. Eu me perguntei "aonde?". Não conseguia ver o fim daquela situação, das lágrimas constantes, da falta de sono.

— Avise se tiver algo que possamos fazer. E cuide dela, tá?

Cuide dela.

Ninguém nunca me pediu para *cuidar* do meu marido nessa época. Tentei imaginar como era essa pressão: cambalear com o peso do próprio luto e ser responsável pelo luto de outra pessoa. Tão poucas pessoas perguntarem sobre sua recuperação que você faz silêncio sobre o assunto. A máxima "homem não chora" está desaparecendo aos poucos, eu acho, mas o legado dela permanece. Se valorizamos nossa saúde mental, temos que ir além das expectativas de gênero e dar aos homens a mesma liberdade das mulheres para passar pelo luto e chorar.

Tem um motivo para algumas pessoas procurarem filmes tristes; por que nós às vezes dizemos "acho que eu só preciso de uma boa choradeira". Chorar *é* bom. Lágrimas emocionais liberam substâncias químicas (ocitocina e opioides endógenos) que reduzem o estresse e a dor. A ocitocina é o mesmo "hormônio da felicidade" liberado durante o parto, a amamentação, uma massagem, um contato social e a intimidade sexual — é o jeito do nosso corpo de nos fazer sentir melhor.

Nas semanas seguintes à morte de Alex, não me senti inundada de hormônios da felicidade. Eu pulava de um ataque de choro para outro, preenchendo os intervalos com lágrimas silenciosas. Sem tempo para me recuperar entre as crises, minha cabeça vivia latejando. *Estava* me fazendo bem, eu só não tinha espaço para sentir isso.

As coisas estão diferentes agora.

Este livro me faz chorar. É inevitável, e por causa disso tomo cuidado com quando e onde escrevo. Quando estou escrevendo um romance, costumo levar meu notebook para um café ou um bar, a fim de tirar inspiração do mundo ao meu redor. Não funciona assim com este livro. Para ele, eu me tranco no meu escritório. Fecho a cortina, boto um bilhete na porta e fico olhando o relógio para que eu me recupere. Hoje em dia, as lágrimas vêm com um aviso: sinto uma pressão crescer no peito, como água empurrando uma barragem, como uma maré subindo. Sinto na garganta um caroço que não consigo engolir.

O que tenho agora e não tinha na época é escolha.

Eu posso chorar e sentir a libertação subsequente ou posso dizer que não. Posso me levantar da cadeira, dar uma volta. Abrir a cortina, tomar um banho, escrever sobre outra coisa. Aos poucos, o caroço na garganta diminui, e a pressão no peito se suaviza.

Nos primeiros estágios do luto, nós não conseguimos sair andando. Ele se agarra a nós, ele *é* nós.

Você pode sentir — quando se arrastar por outra noite de desespero, quando caminhar por um tapete coberto de lenços usados — que a vida vai sempre ser assim. Você pode chorar até desmaiar, até não conseguir respirar, porque seu nariz está entupido e sua cabeça latejando, e seus olhos se fecharam de tão inchados, e você pode pensar que nunca vai se livrar dessas lágrimas.

Contudo, você vai, eu prometo.

Quatro anos depois que Alex morreu, meu pai também morreu.

"Vai ficar tudo bem", pensei. "Eu sei como é o luto, sei o que fazer."

Não ficou tudo bem.

O luto não é como comprar um carro ou mudar de emprego; nós não lidamos melhor com ele quanto mais o vivenciamos. O luto é sempre diferente, e, quando outra perda se junta à anterior, pode parecer que estamos vivendo cada uma delas de novo.

Eu estava num curso de treinamento da polícia quando meu telefone vibrou no bolso do uniforme: era a minha mãe. Eu soube antes de atender o que ela diria.

— Ele partiu.

Talvez tenha sido por causa do uniforme que eu quase nem hesitei; que peguei minhas coisas e falei baixinho com o coordenador, dirigi até o hospital Stoke Mandeville. Eu estava completamente entorpecida, concentrada nas coisas práticas; encontrar o quarto, apoiar a minha mãe. Eu estava sob controle do mesmo jeito que quando lidava com uma crise no trabalho: direto ao ponto e sem emoção, muito diferente do momento imediato após a morte de Alex.

Entrei no quarto do meu pai e encontrei minha mãe ao lado da cama, chorando. Atrás dela, portas de vidro davam para um jardim, calmo e bonito, com árvores que filtravam a luz do sol. Tive uma lembrança súbita do dia em que Alex tinha morrido, da minha mãe na porta da casa onde eu cresci, e senti como se o mundo tivesse saído do eixo. Senti o nó familiar na garganta, a pressão no peito e vontade de chorar, mas nada aconteceu.

Nada aconteceu por semanas. Nem depois, quando minhas irmãs chegaram, nem no funeral, quando fiquei com as pernas trêmulas na hora de ler uma homenagem ao homem que eu idolatrava.

Eu achava que conhecia o luto. O luto era uma dor física, um choro infinito, era querer morrer. Eu não entendia por que me sentia tão diferente, quando meu amor não era menor. Aquele luto era irreconhecível. Um torpor cobria meus sentidos até eu não conseguir sentir nada, até sentir como se estivesse flutuando. Era discreto e violento, silencioso e opressivo.

Não existe jeito certo de passar pelo luto.

Você pode chorar em desespero ou não chorar. Pode sentir um torpor ou ficar com os sentidos tão aguçados que até abrir os olhos dói. Com o passar do tempo, os extremos daquele luto inicial vão se acomodar em algo mais moderado; algo que permite que você viva.

***

Alguns meses depois, ajudei minha mãe a tirar as roupas do meu pai do quarto deles. Encostei o rosto no suéter que ele usou durante a minha infância, a lã áspera provocando uma sensação calmante e familiar na minha bochecha. Peguei um paletó e senti o peso das moedas nos bolsos, deformados pelo uso. Fechei os olhos e imaginei aquele paletó ainda quente, jogado de maneira casual no encosto de uma cadeira da cozinha.

E chorei.

É véspera de Ano-Novo. Minha família está chegando aos poucos, num fluxo de carros espremidos na entrada da garagem. Há camas improvisadas em todos os cômodos, para primos e tios; irmãs e avós. Alguém acendeu a lareira, apesar de a casa já estar quente, uma vela aromárica enche o saguão com os cheiros de laranja e canela. Tem champanhe na geladeira, pronto para os brindes da noite.

Amigos ausentes.

Nós pensamos neles com mais frequência em certas épocas do ano, não é? No Natal e no Ano-Novo, talvez, quando a família se reúne; ou no verão, quando você vai acampar ou faz uma viagem para o exterior. É difícil. Vai ser difícil por um tempo ainda.

— A vovó chegou! — É o grito de um dos meus três filhos adolescentes vindo de uma das janelas no andar de cima. Ele desce a escada. Vou até a porta e penso, como faço com frequência, como ainda é estranha essa mudança de criança para adulto. Que às vezes eu ainda sinto como se estivesse brincando de casinha, uma garota com um avental grande demais, servindo chá de uma minichaleira.

No entanto, estou mais perto dos cinquenta do que dos quarenta agora. Tenho uma casa de verdade, um jogo de chá de verdade. Meus filhos também são praticamente adultos. Percorremos um longo caminho. Minha mãe começa a falar antes mesmo de ter atravessado a soleira, e eu a abraço, enquanto uma dezena de conversas acontece ao nosso redor. Alguém abre o champanhe — *Já são seis horas na Austrália!* —, e é caótico e barulhento, exatamente do jeito que nós gostamos.

Minha mãe se inclina para mim, o olhar nos tios, irmãs e primos; na risada, nas conversas colocadas em dia e nos presentes trocados atrasados. Ela vê, assim como eu, as pessoas que faltam na cena.

— O papai teria amado isto — diz. Os olhos dela brilham, e talvez os meus também, mas só isso. Ainda que antes as lágrimas pudessem ter caído sem avisar, agora nós podemos fazer uma escolha. Nós escolhemos sentir a felicidade ao nosso redor.

Um dia, essa escolha vai ser sua também.

TRÊS

Eu prometo que as ondas de luto não vão te afogar

Eu nunca fui boa em natação. Botar minha cabeça debaixo da água me deixava em pânico. Eu me debatia e subia para conseguir respirar. Fiz natação na infância, para obter o tradicional certificado dos 25 metros, mas só consigo me lembrar do suborno de batata frita e da promessa de que, depois que eu passasse, as aulas acabariam.

Quando meus filhos ainda eram pequenos, nós os levamos ao litoral. A praia era mais de rochas do que de pedrinhas, e sentimos as arestas e pontas afiadas na sola dos pés quando corremos para a beira da água. Ao nosso redor, famílias brincavam no raso, e mais ao longe surfistas deslizavam com uma tranquilidade invejável. De vez em quando, um deles caía por baixo de uma onda, e a prancha rodopiava vazia. Eu prendia o ar até eles reaparecerem, sorrindo e tirando o sal dos olhos, antes de voltar a nadar mar adentro.

Meu marido pegou uma criança em cada braço e entrou na água, me deixando com as duas mãos livres para a terceira.

— Nadar! — disse ela, com a confiança que só uma criança de três anos pode ter, e eu a segurei paralela à água enquanto ela batia as pernas e os braços. — Eu estou nadando!

O sol estava alto, e eu fiquei feliz pelos chapéus das crianças e pelos óculos escuros que eu tinha lembrado de pôr. Mesmo assim, apertei os olhos para enxergar o restante da minha família, alarmada em ver quanto eles já tinham se afastado uns dos outros. Meu marido estava com as crianças no fundo, e eu não gostei, então caminhei até eles para pedir que ele as trouxesse para mais perto da margem, com minha peixinha ainda "nadando" ao meu lado. Do nada, as pedras se deslocaram debaixo dos meus pés e perdi o apoio quando uma onda me pegou de lado. Afundei, meus braços empurrando minha peixinha para cima, minha boca aberta engolindo involuntariamente água salgada. Um borrão de formas e cores; um silêncio sinistro; a dor de arranhões nas minhas pernas, como derrapar de bicicleta no cascalho.

Entretanto, eu me equilibrei. Foram dois segundos, talvez três. Não houve mal nenhum. Uma criança encharcada, já tendo superado o choque e gritando *de novo, de novo!*. Uma mãe também encharcada; o coração disparado, os olhos ardendo, os arranhões doendo por causa do sal.

— Está tudo bem? — Meu marido estava rindo, correndo para ajudar, tirando meus óculos de sol da água. Agora, as crianças estavam rindo também (*mamãe engraçada!*) porque devia ter sido engraçado visto de longe. Dois segundos, talvez três. Nenhum mal aconteceu, mas meu coração ainda estava disparado, porque em um momento eu estava bem e no seguinte estava me afogando. *Parecia* que eu estava me afogando.

Eu me afoguei muito nos primeiros meses depois que Alex morreu.

Quando aquele primeiro ano sem ele passou de inverno para verão, me ocupei com tarefas que deixavam pouco espaço para pensar no que poderia ter sido. Quanto mais novas são as crianças, mais rápido elas parecem crescer, e o irmão gêmeo de Alex, embora ainda pequeno, estava aos poucos alcançando os outros. Certo dia, eu estava no quarto dele, separando uma pilha de roupas que ele já tinha perdido, botando-as na pilha de doação.

Tive dificuldade de estar naquele quarto. Alex nunca tinha estado ali, mas era o quarto dele tanto quanto do irmão. Eu o tinha decorado depois da ultrassonografia de vinte semanas, confiante o suficiente para tirar a etiqueta do tapetinho de borracha e dos móbiles dos berços e para lavar os lençóis dos dois berços que tínhamos espremido nos ângulos certos um em relação ao outro no espaço apertado. Pintei as paredes de um amarelo ensolarado. Era uma tarde de domingo, com Elaine Paige no rádio, e meu marido estava no andar de baixo, preparando um assado. Eu nunca tinha sido tão feliz.

No quarto, na altura da parte de cima dos berços, eu tinha colado uma faixa de papel de parede de A a Z, um animal para cada letra. Imaginei meus bebês se levantando para ver o gorila e a lhama; imaginei recitar o alfabeto enquanto os vestia. *A de arara, B de búfalo.*

Foi difícil ver só um berço; difícil ver o espaço onde as letras de madeira na porta tinham formado um segundo nome. Mais do que tudo, tive dificuldade de lembrar como tinha sido feliz um dia, quando parecia que, apesar do milagre que estava agora balançando as perninhas na minha frente, eu jamais seria feliz de verdade de novo.

— Esse foi a vovó que te deu — falei para ele enquanto tirava um macacão impossivelmente pequeno da gaveta. Um suéter veio em seguida, e o segurei junto ao corpo dele para verificar o tamanho. Serviria por mais algumas semanas, concluí. Remexi na gaveta até a parte de trás, onde eu sabia, para a minha vergonha, que havia roupas ainda com a etiqueta, que nunca tinham sido usadas e agora eram pequenas demais. Peguei um saco plástico e fiquei sem ar.

Dentro do saco havia dois cardigãs tricotados em lã azul macia, cada um com três botões perolados. Antes de me dar conta, eu estava chorando, apertando o saco plástico com tanta força que os botões afundaram na palma das minhas mãos. O chão se mexeu debaixo dos meus pés; uma onda quebrou acima da minha cabeça. Eu me afoguei.

Roupas costumam tanto ser um gatilho, não é? Nós nos lembramos de quando elas foram usadas pela última vez, lembramos o cheiro que tinham, a sensação delas quando abraçávamos a pessoa que as usava. Nós as associamos a acontecimentos, lugares e pessoas. A mãe de uma amiga antiga de escola tinha tricotado os cardigãs. Não foi trabalho, ela disse, ela gostava de tricotar. Azul para os meninos, lógico, e idênticos porque eles eram gêmeos. Ela os dobrou num saco de papel e os entregou com um abraço, desajeitado por causa do tamanho da minha barriga.

— Eu usei um modelo de três meses — disse ela. — Você vai ter tanta coisa de recém-nascido que vai querer algo que eles possam usar depois de crescer um pouco.

A lembrança me jogou para a frente como se eu tivesse levado um soco no estômago, e me inclinei sobre os cardigãs, a cabeça encostada no tapete. Ao meu lado, meu filho esperneava de alegria, e eu virei o rosto para ele não ver as minhas lágrimas.

A sociedade banalizou a palavra "gatilho", como se fosse uma coisinha de nada a ser puxada nos piores momentos da sua vida. É a palavra certa, eu acho: *gatilho*. É como levar um tiro. Um estalo súbito e horrível que leva você de um momento bom a algo bem longe de bom. Uma onda rápida que arrasta para debaixo da superfície.

Meus gatilhos foram, em vários momentos: bebês, gêmeos, hospitais, cardigãs tricotados, o bipe repetitivo de uma máquina de hospital (e uma vez de um caminhão dando ré; parecia tanto um monitor cardíaco que eu quase fui atropelada). Seus lembretes podem ser menos tangíveis: uma estação do ano, uma cor, um aroma, uma música.

Alguns gatilhos são mais fáceis de prever do que outros. Nós podemos ver que o gelo está fino; sabemos que, se pisarmos mais no meio, ele vai ceder. Estamos preparados para isso. Contudo, em outras ocasiões, somos pegos desprevenidos, sem nem entender o que estamos vendo.

Dois ou três anos depois que Alex morreu, viajei de trem para Londres. Quando estava no café da estação, decidindo o que comer, senti de repente um frio e comecei a tremer, como se estivesse ficando doente.

Era o bolo.

Eu teria rido se não estivesse tremendo tanto. Como era ridículo um pedaço de bolo me derrubar assim. Era um tipo específico de bolo industrializado, vendido na cantina do hospital, pelo qual eu tinha desenvolvido um vício nada saudável durante os meses que Alex passou na UTI.

Momentos assim não podem ser evitados, a menos que nos escondamos pelo restante da vida (e às vezes essa parece a melhor opção, eu sei). Tento lembrar que conhecimento é poder. Cada vez que encontramos um gatilho novo, estamos nos armando contra ocorrências futuras. Conhecer nossos gatilhos significa poder evitá-los ou, se isso não for possível, nos preparar para eles. Não fiz careta na vez seguinte que vi um pedaço de bolo de frutas, porque meu cérebro já tinha se preparado para o impacto, e continuou se preparando até não ser mais preciso.

***

Oito anos depois que Alex morreu, num sábado, uma mulher veio até mim na feira. Vários anos antes, ela e o marido tinham comprado a nossa casa, a que tinha o quartinho amarelo, e, como tínhamos ficado na cidade, nós os víamos de tempos em tempos. Ao nosso redor, os feirantes pesavam maçãs e falavam uns com os outros nas barracas. A van do florista era uma bagunça de flores. Eu estava com as três crianças me ajudando a distribuir folhetos para o festival literário.

— Como está a casa? — perguntei, como se a casa fosse uma coisa viva. Como eu tinha amado aquele lugar; como tinha sido impossível ficar, no fim das contas. Aquela casa foi onde nós recebemos o telefonema que mudou nossa vida; que nos fez sair correndo de carro para o hospital. Tanto da nossa vida tinha acontecido entre aquelas paredes; tanta felicidade e tanta dor.

— Nós a adoramos — disse ela. Com hesitação, tirou algo da bolsa. — Eu... eu só voltei correndo para pegar isto. — Ela revirou o objeto nas mãos. Um dos meus filhos estava puxando o meu casaco, apontando para a barraca de frutas. A mulher continuava a falar: — Nós transformamos o quarto de bebê num escritório depois que nos mudamos, e eu guardei isto. Achei que era cedo demais para te devolver, mas aí te vi hoje, e você parece tão bem, tão feliz, que eu voltei lá para buscar. Tome.

Era um pedaço do papel de parede. Uma faixa amarela ensolarada, com um tigre dentuço e uma zebra atravessando a rua. Um gorila descascando uma banana.

A de arara, B de búfalo. Esperei a onda me puxar para baixo; esperei para sentir como se estivesse me afogando. Não aconteceu. Senti, isso sim, um sorriso repuxar os cantos da minha boca quando me lembrei daquela tarde de domingo, tantos anos antes. Fiz carinho no papel cuidadosamente dobrado.

— Obrigada — falei. — Isso significa muito.

Significava mais do que ela imaginava.

Significava que eu estava melhorando.

Como com qualquer outro tipo de recuperação, recaídas são esperadas, e, mesmo depois de tantos anos, ainda posso sucumbir a uma onda inesperada. Na primavera de 2020, o mundo estava no meio de uma pandemia, e eu me senti desmoronando. A televisão mostrava infinitas UTIS; médicos exaustos de uniforme e máscara. O bipe-bipe-bipe de máquinas de suporte à vida. O mundo estava unido numa dor coletiva, e, dentro dele, eu despenquei na minha.

Quase tão absurdo quanto o bolo, a gota d'água foi álcool-gel. Como eu poderia ter previsto isso? Tantos meses passando-o nas mãos cada vez que entrávamos na UTI, antes e depois de tocar nos gêmeos. Os pôsteres acima das pias, nos orientando a como lavar direito as mãos.

"E, apesar de tudo isso", pensei, "ele ficou doente."

O álcool-gel numa pandemia é mais difícil de evitar do que um pedaço de bolo num café de estação. Eu precisava romper a associação dele à morte. Comprei marcas que não tinham cheiro de hospital e coloquei em frascos que não pareciam fazer parte daquele ambiente. Passei quantidades absurdas de creme para as mãos com aroma de rosas. Eu rompi a conexão. Eu melhorei.

É inverno, e estou nadando em um lago no norte do País de Gales, as árvores em volta da beira da água com gelo na ponta dos galhos. No verão, adolescentes pulam do cais e mergulham atrás de moedas, mas, nesta época do ano, está tudo tranquilo. Alguns anos antes, ao perceber que eu tinha risco de passar minha fobia de água para os meus filhos quando eles estavam aprendendo a nadar, aprendi a botar a cabeça embaixo da água. Encorajada, me matriculei numa aula e aprendi a jogar o corpo de um lado para o outro, cortando a água em vez de empurrá-la. Comecei a nadar ao ar livre. Aprendi a entender o lago, a ver o tempo vindo das montanhas e prever qual seria a sensação da água.

Em alguns dias, o lago está calmo e minhas braçadas tranquilas são as únicas coisas rompendo a superfície. Em outras ocasiões, um vento gelado vem das colinas e o fustiga com ferocidade. Eu nado ereta, como um cavalo-marinho, a cabeça bem alta acima de cada onda nova. Fico eufórica com os borrifos de água, com o frio, com a sensação de vencer a água.

Naquele dia, eu avaliei mal o tempo. Nadei até a primeira boia (não é época de ir mais longe) na água parada, fria como gelo. No entanto, quando encontro o ritmo, quando eu me viro para ir para casa, o lago se arremessa contra mim.

Um único tapa súbito na cara. Fico submersa, bato as pernas uma, duas vezes até a superfície. Cuspo água. *Estou bem, estou bem, eu vou ficar bem*, digo para mim mesma enquanto a minha pulsação volta ao normal.

Sigo nadando. Estou bem, não há dúvida disso. Não corri perigo nenhum, não com a minha boia redonda, minha parceira de natação. É um lembrete, só isso, de que o tempo pode mudar num piscar de olhos e de que o lago é maior, muito maior do que eu.

O que percebi ao longo dos anos desde que Alex morreu é que não podemos fazer nossos gatilhos desaparecerem, mas podemos aprender a controlar nossas reações a eles. É impossível fazer as ondas pararem, mas podemos passar a nadar melhor, voltar mais rápido à superfície, nos recuperar mais rápido. Podemos sair mais fortes.

QUATRO

Eu prometo que você vai encontrar um jeito de dizer adeus

Meu filho está enterrado embaixo de uma árvore no pátio da igreja pela qual eu passava ao ir andando para a escola. Um caminho de pedras contorna a igreja até a escola primária que tem atrás. No dia do funeral de Alex, parecia que meros momentos tinham se passado desde que eu pulava e corria e falava sem parar a caminho da aula. Eu não dava muita atenção às lápides na época. Elas estavam lá para fazermos decalque com papel, para decoração, para brincadeiras de pique-esconde até levarmos bronca.

Vejo os cemitérios de uma forma muito diferente agora. Olho cada lápide, paro para ler as inscrições, subtraio os anos até descobrir a idade de quem ocupa o túmulo. Imagino como a pessoa era, o que deixou para trás. Tem algo de estranhamente reconfortante para mim em lápides muito antigas, as que estão inclinadas de forma precária, as letras apagadas e cobertas de musgo. Há uma sensação de permanência nelas; uma garantia de que a vida continuou e vai sempre continuar. Eu sei que, assim como o solo já se assentou, a dor de quem amou e perdeu aquelas pessoas ali também. Os ocupantes dos túmulos são nomes numa árvore genealógica; histórias apócrifas contadas em jantares de família. *Com certeza, seu tataravô comia um ovo cru todo dia de manhã...*

Um túmulo recente não oferece esse consolo. O chão está marcado, a grama ainda com os passos das pessoas que foram ao funeral. Um novo túmulo significa que em algum lugar tem alguém sofrendo.

A lápide de Alex é simples e pequena. De granito branco com letras entalhadas em dourado. *Alexander Edward Mackintosh*. Lápides não podem ser instaladas de imediato, tem a ver com o solo precisar se estabilizar, e as semanas até isso parecem um limbo. Não consegui descansar sabendo que o meu filho estava em um túmulo marcado só por uma estaca de plástico.

O irmão de um amigo, que morreu quando éramos todos novos demais, faz companhia ao meu filho. Você talvez ache isso fantasioso; eu teria pensado o mesmo em outra época. Agora, fico reconfortada ao saber que Alex está cercado de outras crianças; que os pais e irmãos delas talvez digam, como eu, oi para todas as crianças.

No começo, tive uma dificuldade absurda de visitar o túmulo dele. A primeira vez que eu fui até lá foi no dia seguinte ao funeral. Meus pés ficaram mais lentos conforme me aproximei da igreja. Eu sabia que nunca mais conseguiria ver aquele lugar como via quando estava na escola, ou quando entrei vestida de noiva. Um lugar de amor virou de tristeza.

Parei ao lado do túmulo dele, perplexa e tomada de dor. O que eu devia fazer? Os filmes mostravam pessoas paradas em silêncio ou de joelhos, chorando. Mostravam monólogos, notícias para o morto sobre o que a família anda fazendo. Tentei falar, mas fiquei envergonhada, com uma sensação artificial, como se houvesse câmeras viradas para mim. Eu poderia ter orado, mas qualquer fé que eu achasse que tinha havia desaparecido.

Quando eu estava prestes a ir embora, uma mulher passou com flores a caminho de outro túmulo. Tive medo de ela ter me visto chegar e pensar mal de mim por ir embora tão rápido. Ela não teria achado nada, óbvio. Duvido que tenha reparado em mim. Aqueles como eu que visitam cemitérios estão concentrados demais na própria missão para se preocupar com os outros. Ainda assim, fiquei mais alguns minutos, com as mãos enfiadas no bolso para me impedir de cavar o solo. Ele estava bem ali, pertinho de mim. Eu não quis vê-lo na funerária, queria me lembrar dele como era quando estava vivo nos meus braços, e, parada ali, em frente ao seu túmulo, pareceu que bastava eu pegá-lo que ele seria o mesmo e tudo voltaria ao normal.

Cambaleei do cemitério até o carro. Meu coração estava quase saindo do peito, parecendo capaz de arrebentar tudo, e eu só conseguia pensar no meu bebê sozinho, no meu bebê enterrado. Fui embora em prantos, o para-brisa virou um borrão.

De repente, um baque. Um rosto zangado no carro em que eu tinha batido. O som de uma inundação de sangue tomou conta de meus ouvidos enquanto eu tentava abrir a porta.

— Você não me viu? Eu estava bem na sua fren... — A motorista parou de falar. — Você está bem?

Fiz que não. Não consegui falar.

— Está machucada?

Fiz que não de novo. Apontei para o cemitério e me obriguei a falar algumas palavras. *Eu estava... Meu filho... Desculpe. A culpa é minha. Me desculpe.*

Dei meus dados a ela e prometi pagar pelo dano no para-choque, mas ela nunca ligou. Ela foi mais gentil do que precisava ser, e eu nunca mais dirigi tão perturbada. O funeral tinha sido de muitas formas uma experiência de cura, mas eu não estava preparada para a finalidade dele. Não conseguia tirar da cabeça a lembrança do meu marido entrando na igreja carregando nosso filho num caixãozinho branco.

A funerária ficava atrás da casa dos meus pais. Meu pai (que era patologista e tinha um senso de humor sinistro que me fez sentir em casa quando entrei para a polícia) brincava que, quando ele morresse, a gente podia simplesmente jogá-lo por cima do muro, onde ficava a sala que abrigava freezers industriais.

Alguns dias depois que Alex morreu, nós precisamos tomar as providências para o enterro. Eu só tenho flashes dessa época, como cenas de um filme durante metade do qual eu dormia, acordava e via os personagens no meio das conversas, em lugares para os quais nunca os vi viajar. Desconfio que meus pais tenham se oferecido para organizar a cerimônia, mas sei que meu marido e eu estávamos determinados na nossa decisão de nós mesmos fazermos isso. Somos tão impotentes, não é, na nossa dor? Percebi que fazer uma coisa prática me ajudou, e há pouca coisa mais prática ou mais importante do que decidir a melhor forma de se despedir de uma pessoa que morreu.

Algo de que me lembro vividamente é ir à funerária. Nós dobramos a esquina e batemos na porta, e olhei para cima, para as janelas da casa dos meus pais. Lembrei de quando tinha dez anos e pulava elástico do outro lado do muro. Se eu pensava nos meus vizinhos mortos naquela época, era com horror exagerado. Nunca passou pela minha cabeça prestar atenção nos enlutados, tampouco os imaginei como eu e meu marido estávamos naquele momento, carregando a esmo uma vida de amor.

— Entrem, por favor.

A voz do agente funerário era solene, e eu me perguntei se ele era assim mesmo ou se a usava no trabalho com o terno preto e a gravata. Tentei imaginá-lo de folga, barulhento e irreverente, com brilho nos olhos, como meu pai. Não consegui. Pensei nos contatos que fiz como policial para comunicar uma morte e como cada um me abalou até a alma. Como aquele homem lidava com tanta tristeza o tempo todo?

— A maioria das pessoas na situação de vocês — disse ele quando estávamos nos sentando à mesa polida, numa sala que parecia mais um lounge do que um escritório — prefere uma cerimônia pequena e discreta.

Na nossa situação?

Olhei para o catálogo de caixões, para a caixa de lenços de papel estrategicamente posicionada. Apertei os dedos nos do meu marido, como tinha feito algumas semanas antes, quando dei à luz. Era algo de que ter vergonha, o fato de nosso bebê só ter vivido por cinco semanas? O funeral dele devia ser pequeno porque ele era pequeno? Porque a morte dele não era importante? Porque era de mau gosto? Senti uma onda de raiva do mundo organizado daquele homem, com seus preconceitos e sutilezas sociais.

— Eu acho — disse meu marido, com mais cuidado do que eu queria — que tem muitos familiares e amigos que gostariam de prestar uma homenagem.

E tinha mesmo. Tinha avós e tias e tios; padrinhos que nunca chegaram a segurar o afilhado, menos ainda oferecer orientação. Tinha amigos que sentiram a nossa dor com quase tanta intensidade quanto nós, segurando os filhos com força, reconhecendo como é estreito o limite entre estar aqui e não estar mais. Nós precisávamos ficar juntos, cantando hinos com vozes roucas e engasgadas.

Como os dias antes e depois, só me lembro de trechinhos do funeral. Meu marido carregando o caixão de Alex. Meu cunhado, o único de nós com força o bastante para fazer um discurso de despedida a uma vida tão pouco vivida. O vento açoitando o chapéu cor-de-rosa que eu tinha colocado em desafio a todo o preto que nos circundava. Mais do que tudo, eu me lembro do conforto de ter tantos amigos e familiares à nossa volta, andando conosco, na nossa dor.

Os funerais não são para os mortos, são para os vivos. A menos que o falecido tenha deixado instruções específicas, acredito fortemente que devemos fazer a cerimônia que nos dê o que precisamos. Escolher uma cerimônia pequena ou carruagens puxadas por cavalos brancos com plumas. Pedir para todos vestirem preto ou todas as cores do arco-íris. Cantar hinos, música gospel ou um heavy metal barulhento. Abraçar e rir e chorar. Celebrar a vida e ao mesmo tempo lamentar nossos mortos.

Não lembro se fizemos velório. Não é estranho? Tenho uma lembrança vívida de sair do cemitério, sem querer deixar Alex, mas sem conseguir suportar mais tempo daquilo, mas depois há uma lacuna. Nós voltamos para a casa dos meus pais? Ficamos na sala tomando vinho e servindo enroladinho de salsicha? Tenho vergonha de não lembrar, mas a dor fez picadinho daqueles dias e daquelas semanas. Meu marido deve lembrar, mas não vou perguntar. Essa jornada é minha, e não dele, e os blecautes são tão parte dela quanto o que eu consigo lembrar. Além do mais, escrever isto, reviver isso, é doloroso, e eu também não consigo me fazer falar sobre tudo.

Eu sei: eu falei que pararia de doer. Entretanto, aqui estou eu, tantos anos depois, chorando na escrivaninha, lembrando aquele dia horrível quando meu filho foi colocado debaixo da terra e nada que eu pudesse fazer o traria de volta.

A diferença é a seguinte: eu *escolhi* sentir isso. Eu escolhi refazer meus passos, destrancar uma caixa que tinha guardado e pegar o conteúdo dela. Escolhi revirá-lo, oferecê-lo para exame, analisá-lo e discuti-lo. Estou escrevendo isto porque acho que ajuda saber que não estamos sozinhos. Estou fazendo isso porque espero que possa ajudar você.

Com o passar dos anos, levei muitas vezes os irmãos de Alex comigo para visitar o túmulo. Alex era parte da nossa família, alguém sobre quem falávamos com regularidade, e eu quase nunca ficava sem as crianças. Achava que cuidar delas e responder os tipos de pergunta que só uma criança poderia fazer ajudava a me distrair.

— Ele já virou esqueleto? — perguntou uma delas. Era outono, e a grama em volta dos túmulos das crianças estava coberta de folhas marrons. Pensei na mecha de cabelo na caixinha de Alex e engoli em seco.

— Sim — falei. — Acho que deve ter virado.

— Harry foi de esqueleto no Halloween.

— Ele deve ter ficado lindo. — Não consegui evitar: comecei a chorar. Eu tentava o meu máximo para não chorar na frente das crianças, mas às vezes acontecia. Elas me olharam com uma mistura de susto e curiosidade.

— Coitadinha da mamãe — disse uma.

Um eco das minhas palavras quando alguma das crianças caía. *Ops. A mamãe vai dar um beijinho pra passar.* Abri um sorriso largo e entreguei o regadorzinho que eu tinha levado.

— Por que vocês não vão encher de água? Sabem onde fica a torneira, né? — Elas saíram andando com alegria, e eu soltei o ar e pisquei para me livrar das lágrimas. Arranquei as ervas daninhas em volta dos amores-perfeitos que minha mãe tinha plantado e ajeitei as bordas do canteiro retangular.

As crianças tinham voltado.

— Presente para o Alex!

Eu me levantei.

— Vocês encontraram...

Eu parei abruptamente e olhei para três suéteres puxados, do jeito que eu tinha mostrado que podíamos colher amoras quando eu me esquecia de levar um saco. Só que aqueles suéteres estavam cheios de badulaques. Fadas e estrelas; animais da fazenda e moinhos.

— Onde vocês...? — E então a ficha caiu. — Ah, Deus. — Olhei para os túmulos de crianças bem cuidados ao nosso redor, despidos dos ornamentos escolhidos a dedo. Soltei algo entre um ofego e uma risada.

— A mamãe tá melhor agora — declarou meu mais velho. Ele me ofereceu um anjinho de porcelana, como se eu tivesse arranhado o joelho e merecesse um pirulito pela minha coragem.

Nós botamos de volta os que conseguimos lembrar. Os outros, enfileiramos na beirada do jardim das crianças, com um bilhete que escrevi numa página arrancada do meu diário. Eu esperava que as pessoas entendessem que meus filhos estavam fazendo o que crianças fazem: pegando o que pareciam ser brinquedos e compartilhando com o irmão.

Meu pai não foi enterrado, e sim cremado. Ele não tinha deixado instruções sobre o que deveria acontecer com as cinzas dele, mas nós todos concordamos que ele gostaria de ficar em Dartmouth, onde tinha velejado na maior parte da vida e onde o barco que ele dividia com os irmãos ficava. Por consequência, no verão seguinte as mulheres da vida do meu pai se sentaram na proa do barco com uma urna e um champanhe.

— Como você quer fazer isso? — perguntei à minha mãe. Até ali, nossas discussões tinham se concentrado na logística de unir nós quatro no mesmo lugar e na mesma hora, e não na cerimônia de espalhar as cinzas. Tentei pensar no que meu pai iria querer.

Minha irmã mais velha fez uma oração. Cada uma contou algum detalhe sobre ele: algo de que sentíamos falta, algo que sempre valorizaríamos. Choramos um pouco. Era hora.

— Prontas?

Minha irmã mais nova tirou a tampa da urna e a estendeu para fora do barco. A luz do sol brilhava na água, e eu vi as gaivotas deslizarem acima de nós e pensei em como aquele lugar era perfeito. Havia uma brisa leve, mas nós estávamos viradas para o lado certo (eu tinha ouvido histórias tragicômicas de cinzas sopradas na cara das pessoas de luto), e eu gostava da ideia do meu pai voando acima da água, as partículas levadas para lá e para cá antes de caírem no mar.

— Prontas.

Ela virou a urna, mas, em vez do lindo voo que eu tinha imaginado, houve um *ploft* sem graça.

— O que foi isso?

Juntas, nos curvamos para fora do barco e o fizemos se inclinar de forma alarmante para um lado.

— Ops.

Sem sabermos, dentro da bela urna as cinzas do meu pai tinham sido colocadas num saco plástico selado, que estava agora flutuando na superfície da água.

— Pegue de volta!

— A gente não pode pegar de volta.

— A gente tem que pegar! É poluição. E é o papai.

Houve uma procura frenética por um gancho, alguns gritos de *Segure as minhas pernas!* e muitos de *Vê se não vai cair!*, e as cinzas molhadas do meu pai foram colocadas sem a menor cerimônia na cabine. Houve um momento de silêncio, e a minha mãe começou a rir. Uma a uma, nós nos juntamos a ela, até termos lágrimas rolando pelo rosto, como num surto coletivo. Meu pai teria adorado.

É comum que sejamos encorajados a encarar o funeral ou o jogar as cinzas como nossa oportunidade de nos despedir, mas acho que o luto nos oferece muitas oportunidades de dizer adeus. Muitos de nós querem deixar a vida, a casa, a rotina o máximo possível como eram antes. Isso nos ajuda a nos sentir conexão com a pessoa que perdemos. Quando nos sentimos capazes de mudar as coisas, de mudar de lugar a cadeira onde elas sempre sentavam, ou jantar num horário que não teria sido adequado para elas, nós estamos nos despedindo. Estamos seguindo em frente. Com o tempo, pode ser que mudemos de casa, que nos casemos de novo, que tenhamos mais filhos; cada marco é outra despedida.

Nada disso pode ser apressado. Amigos bem-intencionados podem sugerir gentilmente que está na hora de se livrar dos pertences da pessoa que você perdeu, mas a hora é quando *você* acha que é a hora. Quando você está preparado para dizer esse adeus específico. Minha sogra teve um grande consolo em saber que as roupas do marido seriam aproveitadas. Em contraste, uma amiga deixa o quarto da filha exatamente como estava no dia que ela morreu, inclusive a pilha de roupas limpas na cama, esperando para serem guardadas. Várias vezes nos primeiros dez anos depois que meu filho morreu, eu empacotei os pequenos macacões que ele tinha usado para doar para a UTI neonatal. Roupas de bebês prematuros são caras e difíceis de encontrar, e eu sabia que seriam recebidas com gratidão. Em todas as ocasiões, eu mudei de ideia. Dezoito anos depois, elas continuam numa sacola em cima do armário. É um adeus que não estou preparada para dar.

Tem pessoas saindo da igreja; é um casamento. Eu fico de longe, sentada num banco perto do laguinho de patos enquanto a fotógrafa trabalha. Ela posiciona a noiva e o noivo debaixo do portão coberto onde meu marido e eu ficamos vinte anos antes.

Quando eles vão embora, as ruas estreitas em volta da igreja subitamente livres de carros, vou ver Alex. Alguns anos antes, derrubaram a árvore enorme perto do túmulo dele. Fiquei triste no começo, eu tinha passado a vê-la como protetora, mas agora já me acostumei. As coisas mudam.

Estou armada com utensílios de jardinagem e limpador de lápides numa garrafa escura. Forro o chão com a minha jaqueta, me ajoelho sobre ela e começo a trabalhar. Não vou lá faz alguns meses, pois nós moramos a mais de 150 quilômetros de distância agora, e as beiradas do túmulo estão feias e cheias de ervas daninhas. Arrumo tudo e remexo a terra. Essas tarefas práticas são como eu passo um tempo com o meu menino. Não é contando as novidades, não é chorando pelo que poderia ter sido; só me ocupo silenciosamente com um escovão, para destacar as letras douradas até o nome dele brilhar.

Vai haver uma época em que o cuidado desse local vai passar para os meus filhos. Para o irmão gêmeo de Alex, cujos dedos já se entrelaçaram com os dele, e para os irmãos mais novos que ele não conheceu.

Um dia, muitos anos no futuro, ninguém virá. A grama vai crescer, e o granito branco vai ficar cinza conforme as estações deixarem suas marcas. As extremidades da pedra vão ficar menos afiadas, e o líquen vai amaciar as superfícies. As letras gravadas não serão mais douradas.

Talvez ainda haja uma escola ali. As crianças vão correr pelo caminho de paralelepípedos e brincar de pique-esconde até mandarem que parem. Alguém vai ensinar a elas como segurar papéis na frente das lápides e passar giz de cera nas letras até elas aparecerem magicamente. *Alexander Edward Mackintosh.*

E alguém como eu, algum sobrevivente do luto, anos depois da perda, vai se sentir reconfortado por aquela lápide velha e torta no jardim das crianças. Vai ver como se acomodou no solo de flores do campo e grama, e que os pássaros bicam os insetos no musgo denso sobre a pedra. A vida continuou e vai seguir continuando, e, assim como o solo já se acomodou, também o fará a dor das pessoas que amavam e perderam alguém.

Dizem que funerais e serviços memoriais trazem uma sensação de encerramento, e, se essa for a sua experiência, fico verdadeiramente feliz por você. Entretanto, se o funeral do seu ente amado trouxe mais dor do que paz, você não está só.

Se você não pôde fazer a despedida que queria, ou a que a pessoa merecia, há outras formas de encerrar um capítulo e seguir em frente. Um adeus é mais do que um enterro ou um velório; é quando você se muda da casa em que moravam; é o nascimento de outro filho; é se casar de novo, ou marcar a viagem que vocês sempre quiseram fazer juntos; é tirar as roupas do armário e guardar no sótão; são todas as vezes que nos lembramos deles e depois botamos essa lembrança de lado. Um adeus é mais do que um momento, e você vai descobrir a hora e o jeito certos de dar o seu.

CINCO

Eu prometo que você vai encontrar um motivo para seguir em frente

Depois que Alex morreu, eu não queria ir a lugar nenhum. Queria ficar encolhida em posição fetal no canto de um quarto vazio. Queria berrar e ouvir os ecos da minha dor voltando a mim sem parar até me deixar surda.

Eu poderia ter ficado assim por dias. Semanas, até. Talvez, se eu não tivesse tido um motivo contrário, eu tivesse parado completamente de respirar. Parecia que, entre o pesadelo que eu vivia e a morte, havia apenas um passo.

No entanto, eu tinha um motivo.

Sempre há um motivo.

As enfermeiras tinham levado nosso filho sobrevivente para outro quarto, assim não teríamos de ver o leito onde Alex tinha estado. O vento fustigou meu rosto quando atravessamos o estacionamento, e senti um aperto no peito.

No corredor em frente à UTI neonatal, parei.

— Acho que eu não consigo fazer isso.

Meu marido apertou a minha mão.

— Nós precisamos.

Nós precisávamos.

Tínhamos outro filho do outro lado daquela porta, uma criança cuja condição ainda era crítica e cujo futuro ainda era incerto. Do outro lado daquela porta estava nosso motivo.

Mantive os olhos no chão quando passamos pela ala, sem querer ver onde nos despedimos de Alex. O ar estava com o cheiro forte de produtos de limpeza que eu sempre vou associar ao luto; o balcão dos enfermeiros, cheio de sorrisos solidários.

— Sinto muito — disse uma enfermeira que passamos a conhecer bem e que não estava de serviço no dia anterior. Eu me perguntei quantas vezes ela tinha chegado ao trabalho e descoberto que um dos bebês tinha morrido. Ela foi tão gentil conosco, tão simpática. Todos foram gentis.

Nosso filho sobrevivente estava numa salinha perto da ala principal. A enfermeira levou um biombo para podermos nos isolar e começar a nos habituar ao novo formato da nossa família. A tela balançava, e o tecido azul e verde não cobria totalmente a moldura, mas fiquei grata por aquela ilusão de privacidade. Eu estava tremendo tanto que precisei me sentar, a enfermeira levou meu bebê para mim como se eu tivesse acabado de dar à luz.

Ele ainda estava leve como um recém-nascido, e era tão parecido com Alex que quase não suportei. Eu me obriguei a olhar para ele, me obriguei a procurar as diferenças: o cabelo, o formato do nariz. Ele era lindo. Nos meus braços estava meu motivo para viver. Eu sabia disso. Contudo, sabia de outra coisa, uma coisa que eu tinha medo de enunciar.

Eu não sabia se seria suficiente.

Para a maioria das pessoas, continuar vivo não passa de uma licença. Elas deixam o corpo fazer o que é requerido delas (bombear sangue, inspirar e expirar) enquanto seguem no seu dia a dia. Quando estão bem (física e mentalmente), não pensam muito no que as mantém no mundo.

Quando estamos de luto, nós não estamos bem.

Eu não fiquei bem por muito tempo. Fiquei ciente ao extremo da minha mortalidade, imediatamente consciente de qualquer coisa fora do prumo, como um diabético atento às suas necessidades de insulina. Estar viva parecia um estado precário, minha condição chegava perto do nível crítico com frequência. Era como se meu suprimento de oxigênio fosse restrito, meu sistema nervoso central estivesse apagando as luzes. Quando estamos de luto, nosso corpo não funciona normalmente, nem nossa mente.

Às vezes, é doloroso demais estar vivo, não é? Eu entendo. Estive na beirada e olhei para o fim e pensei "isso seria mais fácil", e talvez tivesse sido mesmo. Nunca dei esse passo para a frente. Meu bebê sobrevivente precisava de mim, e eu precisava dele, embora, lógico, as coisas não sejam simplistas assim.

Pelo menos você ainda tem o seu outro filho. Devo ter ouvido uma versão dessa obviedade bem-intencionada uma centena de vezes. Talvez, para um observador qualquer, sem experiência pessoal de luto, pareça verdade. Como é conveniente ter outro bebê, um substituto quase idêntico, ainda por cima, para aliviar a minha perda!

No entanto, não funciona assim. Um irmão não é substituto de outro; o pai ou a mãe ainda é metade do que você tinha. Você, viúvo ou viúva, pode se casar de novo, mas isso não vai apagar seu amor anterior. Amar outras pessoas não torna mais fácil perder alguém; só dá um motivo para seguir em frente.

Meu filho era meu motivo e, depois, meus outros filhos. Meu marido também; nossos pais, minhas irmãs, meus amigos. Saber que eles estavam lá para nos segurar quando caíamos, que eles nos carregavam pela nossa dor. Eu tinha sorte de tê-los.

Seu motivo pode não ser uma pessoa. De fato, se a pessoa que você perdeu era o centro do seu mundo, se você e ela tinham um amor que eclipsava todos os outros, você vai se sentir muito só agora. Pode parecer que não há sentido, que não há propósito, que nada vai voltar a ficar bem. A única coisa que eu posso dizer é para você segurar as pontas: tempos melhores virão, prometo.

Enquanto isso, talvez você ache útil se concentrar em algo prático, um motivo para sair da cama todos os dias, um motivo para estar aqui no mundo. Pode parecer banal, mas eu descobri que pensar em jeitos de ajudar outras pessoas me fazia me sentir melhor. Alguns dias depois que Alex morreu, montei uma página de arrecadação de fundos para ajudar a financiar a pesquisa da meningite. A necessidade de fazer diferença é tão comum entre nós enlutados que eu agora tento instintivamente prestar atenção aos detalhes da história quando ouço que alguém faleceu. O simples ato de doar algum dinheiro costuma ser o único jeito prático pelo qual os amigos podem ajudar, a fim de aliviar os sintomas do próprio luto deles, assim como o seu. Ver a doação aumentar, sabendo que estamos contribuindo para uma causa que vai ajudar a impedir que uma tragédia similar aconteça a outra pessoa, é um motivo forte para seguir em frente.

Você talvez perceba que arrecadar dinheiro para uma causa importante para você (ou para a pessoa que morreu) vai te dar uma direção nesses tempos de desnorteio. A arrecadação em si pode assumir muitas formas. Se você for do tipo ativo (e se o treino ou o cansaço decorrente dele são bons para seu foco), você pode participar de uma maratona ou pular de paraquedas; escalar uma montanha ou participar de um triatlo. Se, como eu, até tirar o pijama de manhã parece sufocante, montar uma página beneficente basta. Coletar moedinhas num pote é suficiente. Você não precisa abrir uma instituição filantrópica ou marchar no Parlamento para fazer diferença.

Perto de casa, pode haver vizinhos idosos precisando de cuidados, ou algum trabalho voluntário; se você estiver preparado para assumir esse tipo de responsabilidade, pode ajudar você além de ajudá-los. Apoiar os outros nos dá perspectiva e uma sensação de realização num momento em que nos sentimos tão fora de controle.

É lógico que, para muitos de nós, há períodos longos em que mal conseguimos nos vestir, muito menos pensar em fazer coisas para outras pessoas. Somos nós quem precisamos de apoio, os que ficam subitamente dependentes como crianças. Há força em ajudar os outros, mas há força também em reconhecer quando chegamos ao nosso limite.

Quando perdemos alguém depois de uma vida longa e satisfatória, há consolo a se tirar de lembranças juntos. Nós relembramos aventuras que vivemos e, quando nos sentimos fortes, podemos tirar mais força da memória. Costumo imaginar como meu pai se sentiria em relação às escolhas que eu fiz, à vida que levo. Sou tão parecida com ele de tantas formas, e isso por si só parece um bom motivo para seguir em frente.

É mais difícil quando perdemos alguém jovem, porque é tão injusto e porque não temos os anos e anos para relembrar com carinho. A morte pode ser uma crueldade ou uma gentileza, mas, quando alguém é muito novo, quase nunca parece a segunda opção. Meu filho só tinha cinco semanas quando morreu, nem sequer saiu do hospital. Não houve histórias para compartilhar, nenhum *lembra quando*... para se dizer em conversas de olhos marejados. Isso pode parecer familiar se você perdeu um bebê ou se seu relacionamento com a pessoa que morreu não era objetivo. O pai ou a mãe ausente, o companheiro ou a companheira que se afastou, o irmão ou a irmã com quem você só brigava. Talvez você se sinta desnorteado, com poucas lembranças felizes nas quais ancorar a sua dor.

Quando não podemos olhar para trás, temos que olhar para a frente. Meu luto por Alex não é composto de lembranças da vida dele, e sim de momentos que ele nunca vivenciou. Se eu me fechar para a riqueza que o mundo tem para oferecer, não é só uma vida perdida, e sim duas. Nós devemos aos mortos viver a vida que eles não puderam terminar.

Logo depois que Alex morreu, ganhei um diário de gratidão. Era um caderno simples com um espaço em cada página para escrever a data, seguido por temas: motivos para sentir gratidão naquele dia. Motivos para seguir em frente. A teoria é que, ao nos obrigar a procurar as coisas boas numa situação ruim, a gratidão vai acabar virando um hábito.

Anote qualquer coisa, dizem os devotos, *uma árvore bonita que você viu, uma xícara de chá com um amigo, uma boa noite de sono*.

Eu adoraria dizer que esse diário me ajudou a encontrar meus motivos para viver, mas também quero ser sincera, e a verdade é: eu odiei aquele diário com todas as minhas forças. Cada página, com os espaços separados, era um lembrete gritante do que *não estava* lá, do que *não* me deixava grata. Qualquer coisa que eu escrevia parecia sem sentido, seguida de um "mas" não escrito.

O sol está brilhando, escrevi. *Mas meu filho continua morto.*

Eu vi minha irmã hoje, mas meu filho continua morto.

Como qualquer coisa que eu escrevesse poderia compensar o que tinha acontecido?

Demorou para eu perceber que estava tentando o impossível. Nada pode compensar o que aconteceu conosco. Nós não deveríamos nem tentar, porque só vamos fracassar, e, ao fracassar, vamos nos sentir pior.

Reparar nas coisas boas da vida não é equilibrar com o ruim; é nos lembrar por que estamos aqui. É ver o sol nascer e perceber que você quer ver o sol nascer de novo amanhã. É abraçar um amigo e carregar o calor desse abraço para casa. É ver as flores abrirem na primavera ou passar uma hora no sofá só porque o gato está dormindo no seu colo.

Esses motivos para seguir em frente são todos externos, influência do mundo ao seu redor, lembrando que ainda há felicidade a se sentir... mas há um motivo mais importante.

Você.

Você já é o motivo de alguém seguir em frente. Você é uma linha no diário de gratidão de alguém, um momento de alegria no dia dessa pessoa. Você já fez a diferença e tem muita mais a fazer.

Você é seu motivo.

SEIS

Eu prometo que esse não será para sempre seu primeiro pensamento ao acordar

Acordei antes do despertador. Devia ser umas três semanas depois que Alex morreu, apesar de que na época o tempo pregava peças em mim. "Eu preciso botar a roupa na máquina", pensei, meus olhos ainda grudados de sono. "Os meninos vão precisar de roupas limpas e..."

O menino.

O menino vai precisar de roupas limpas.

Uma pontada de dor, como perdê-lo de novo; como se recuperar depois de um soco e acabar nas cordas do ringue de novo. É o pior tipo de déjà-vu, quando o sono foi misericordiosamente livre de pesadelos, e você acorda com a clareza de uma manhã ensolarada depois de uma tempestade. Tudo parece ameno e novo, como se você tivesse renascido.

E aí, você lembra.

Eu emiti um som, algo entre um *ah* e um grito, e estendi a mão para o meu marido enquanto ele acordava, puxando-o de volta ao ringue. Do lado de fora, ainda estava escuro, as luzes amarelas da rua entravam pela janela.

Era dezembro, ou talvez janeiro, mas o aquecedor não era ligado havia semanas. Nós ficávamos no hospital das sete da manhã às dez da noite. na maioria dos dias, e não parecia haver muito sentido em esquentar uma casa vazia. Talvez em algum nível nós estivéssemos nos punindo, da mesma forma que comíamos sanduíches com gosto de papelão na cantina em vez dos pãezinhos crocantes na lanchonete, as duas a uma distância idêntica da ala do hospital. Parecia errado ter coisas boas quando um filho estava no hospital e o outro debaixo da terra.

Ah. Meu grito formou uma névoa no ar, uma manifestação física do meu luto.

— Eu sei — disse meu marido. — Eu sei.

— Eu não aguento isso. — *Isso*. Essa dor esmagadora no peito, essa sensação de afogamento, as tentativas constantes do meu cérebro de voltar no tempo. A crueldade de lembrar todas as manhãs.

— Eu sei — disse ele. — Eu sei.

Há muitos motivos para o luto compartilhado ser difícil (mais sobre isso depois), mas é um alívio estar com alguém que sente a sua dor de forma tão intensa quanto você, que não precisa de explicação para por que, de repente, estar doendo.

Eu conheci meu marido — na época, policial — no trabalho; um risco ocupacional comum a trabalhadores dos serviços de emergência. São, em parte, as horas difíceis e a intensidade do trabalho que atraem colegas um para o outro, mas também um desejo de estar com alguém que de fato entenda as pressões da rotina. Por um tempo, meu marido e eu trabalhamos na mesma equipe, mas, mesmo depois que fomos para departamentos diferentes, continuamos falando a mesma língua.

— Tive um fatal horrível hoje — dizia ele conforme pendurava o casaco no gancho ao lado da porta. — Família de quatro.

Eu assentia e o abraçava forte, sabendo que, se ele quisesse falar, falaria. Eu não precisava fazer perguntas. Sabia como devia ter sido a cena na estrada, como era chegar tarde demais para poder ajudar. Eu conhecia a exaustão física e o peso emocional. Também sabia que era parte do trabalho e que, no dia seguinte, ele — assim como eu — faria tudo de novo.

Agora, nós tínhamos acrescentado o luto ao nosso léxico compartilhado.

Ficamos deitados na cama, o edredom quente demais e o quarto frio demais, e deixamos o silêncio preencher o espaço em volta de nós. Não havia nada a dizer, porque nada podia tornar a situação melhor. Outra manhã, outro lembrete.

Em alguns dias, a percepção vinha rápido, me acertava com tudo assim que eu abria os olhos. *Ele está morto, ele está morto, ele está morto.* Um soco no estômago antes de eu ter tido chance de me defender. Em outras manhãs, eu sentia uma incerteza quieta, porém insistente. Penetrava na paz matinal, como a sensação inquietante de ter deixado o gás ligado ou esquecido de trancar a porta.

O que é? O que aconteceu?

Ah.

Ele está morto, ele está morto, ele está morto.

Nas piores manhãs, eu acordava com o conhecimento total e horrível do que tinha acontecido, como se a minha mente estivesse ansiosa para me lembrar assim que eu acordasse.

Ele ainda está morto, sabe.

Como quer que o dia começasse, meu primeiro pensamento era Alex. Ou, mais precisamente, a perda. A ausência do meu filho era um buraco negro que sugava toda matéria ao redor para suas profundezas. Seria assim para sempre, eu tinha certeza; e tinha certeza também de que eu queria que fosse assim. Porque ele era o centro do meu mundo, e, se eu não o guardasse na mente, poderia perdê-lo no coração.

É um jeito difícil de começar o dia, não é?

Lembro-me de ter lido uma entrevista com alguma celebridade que descreveu a própria rotina em detalhes intimidantes. *Eu começo o dia meditando*, disse ele, *depois tomo uma vitamina e vou treinar*...

Fiquei olhando para a página, para a fotografia daquele homem que falava uma língua diferente da minha.

"Eu começo meu dia lembrando que meu filho morreu", pensei. "Aí, fico deitada, a garganta apertada com o esforço de tentar não chorar, e tento voltar no tempo. Revivo o dia em que ele morreu, minuto a minuto, e tento mudar o que aconteceu depois."

Às vezes, eu sonhava que Alex estava vivo. Que estava dormindo no quarto ao lado, com o irmão. Eu os pegava, um em cada braço, e os carregava para baixo. Nós estávamos no parque ou no carro a caminho de uma aventura. Certa vez, sonhei que os meus meninos tinham crescido, e foi tão real que, quando abri os olhos, esperei ver uma idosa no espelho do banheiro. As pegadinhas mentais que o luto pregava em mim me faziam sentir como se eu estivesse ficando maluca.

Durante anos depois que meu pai morreu, eu pegava o telefone para ligar para ele. Ouvia uma piada boba e pensava "Preciso contar para ele", até me dar conta, assustada, de que ele não estava mais aqui. Não havia nada errado com a minha memória, eu não tinha esquecido que ele tinha morrido. Então por que minha mente pregava uma peça tão horrível em mim, várias vezes?

Com o passar dos anos, aprendi a olhar para esses momentos de outro jeito. Minha mente não estava me *provocando*, e sim me *tratando*. Estava me lembrando de que, sim, ele teria rido daquela piada, teria adorado saber a notícia. As lembranças vinham com uma intensidade que tirava meu fôlego, mas, com o tempo, eu me habituei a isso, como a uma piscina gelada depois que entramos nela.

É uma dádiva ser lembrada das pessoas que amamos. É por esses momentos que elas continuam vivendo.

***

Eu acordo antes do despertador. É setembro, e tenho três adolescentes que estão virando adultos diante de meus olhos. "Waffle", eu penso. "Vou fazer waffle." (ainda está no começo do ano letivo; em fevereiro, vou passar a insistir para que eles comam uma torrada enquanto calçam os sapatos). Penso na hortinha que não limpei e aonde posso ir com os cachorros para passear. Penso num personagem do livro que estou escrevendo. Eu me levanto e dou comida aos cachorros, acordo os adolescentes, preparo a massa, pego os uniformes de educação física, abro a caixa de correspondência, mando todo mundo para a escola.

Quando a casa fica silenciosa, ligo o notebook, no qual este livro está me esperando.

E é nessa hora que penso no meu menino.

Eu abro a caixa de lembranças e deixo que elas transbordem, aquelas primeiras semanas de desespero, os meses de dor, os anos de sofrimento, e analiso o meu luto. Como está diferente depois de tantos anos. É como olhar um álbum de fotografias, reconhecer a pessoa na foto desbotada, mas ter dificuldade de assimilá-la a quem ela é agora. O mesmo sorriso, talvez, apesar de até isso ter mudado um pouco. E todo o restante, as roupas, o cabelo, estar tão absurdamente diferente. Contudo, por baixo, permanece o mesmo. O mesmo, mas diferente.

Um dia você vai acordar e seu primeiro pensamento não vai ser de tristeza. Você vai pensar em como as manhãs estão ficando mais claras, ou que é cedo demais para o vizinho estar cortando a grama. Você vai se xingar por se esquecer de botar o lixo lá fora, vai se arrepender daquela última taça de vinho, ou vai desejar ter ficado para tomar mais uma. Você vai rolar para o lado e voltar a dormir, ou vai tirar as pernas debaixo da coberta e ir preparar um chá. Você vai acordar sem olhar na cara do luto.

O luto nos faz sentir como se estivéssemos perdendo a cabeça, mas acho que o que perdemos é o controle sobre nossos pensamentos. O luto tira o volante das nossas mãos, direciona nosso foco para o que perdemos e nos deixa sem forças e sufocados, sem controle. Nós pensamos no nosso ente querido desde o segundo em que acordamos porque era a pessoa mais importante da nossa vida e sua morte abalou nossa existência. Pensamos nessa pessoa porque o luto precisa de uma válvula de escape e, no nosso estado semidesperto, nós não temos recursos para controlá-la.

Você vai encontrar esses recursos, eu prometo.

Você vai ficar forte de novo, capaz de concentrar sua mente no que você tem, e não no que perdeu. Você vai botar de lado as lembranças com toda a delicadeza porque tem um dia te esperando, ou porque não é o momento certo de revivê-las. Você vai recuperar o controle dos seus pensamentos. O luto é um mero passageiro, e não o motorista.

SETE

Eu prometo que você não vai sempre temer o pior

Eu parei de frente para a porta, o piso rangendo de leve quando mudei o peso de um pé para o outro. Minha mão se fechou na maçaneta. Em um momento, eu a abriria. Só precisava de um pouco mais de tempo para me preparar.

Eram sete da manhã, e eu estava prestes a acordar meu bebê de cinco meses, porque, apesar do que dizem sobre nunca acordar um bebê que está dormindo, nós tínhamos uma rotina, e ela funcionava. Sempre que me sinto atropelada pela vida, por causa do luto, da carga de trabalho ou do noticiário, procuro instintivamente uma estrutura. Acordar cedo. Uma xícara de chá às dez. Três refeições por dia. Sempre fiz listas de coisas a serem feitas todos os dias e, quando olho minhas agendas antigas, consigo enxergar como estava minha saúde mental pelo tamanho das listas. Quanto mais longas as listas e quanto menores as tarefas (levantar-se, tomar banho, descarregar a lava-louça), mais perdida eu me sentia.

Fiquei bem pouco no controle no primeiro ano. Estabelecer uma rotina para o meu dia significava passar por alguém que estava segurando as pontas, e acordar o bebê fazia parte da rotina. Todas as manhãs e depois de cada soneca, eu ficava com a mão na porta, executando um ritual silencioso que quase sinto vergonha de compartilhar agora.

Um dia, eu vou entrar, eu dizia a mim mesma. *E ele não vai estar mais respirando.*

Eu imaginava a cena subsequente: a ligação para a emergência, a ambulância, a expressão desolada dos médicos que tinham feito o melhor possível. Eu me preparava para o pior cenário possível, e só quando tinha certeza de que estava pronta era que abria a porta.

Todas as manhãs e depois de cada soneca.

Por anos.

Só agora, ao falar sobre isso, vejo como eu estava mal. Que, ao tentar me proteger do que parecia ser o inevitável, eu estava despencando em pensamentos negativos que não ajudavam na minha recuperação. O ritual era me preparar para a tragédia, garantir que eu estaria pronta para lidar com ela, que não desmoronaria. O restante era superstição. *Se eu estiver pronta, não vai acontecer.*

Conforme meu filho foi crescendo, tive que passar a me segurar para não ligar para o médico por qualquer coisinha. Certa vez, antes de ele começar a andar, fiquei esperando do lado de fora a clínica abrir, andando ansiosamente com um bebê quente nos braços. Ele estava empolado. Com febre. Não virava a cabeça.

— Tenho certeza de que não é nada — falei para a médica, apesar de não ter certeza nenhuma. A médica tinha uma foto dos próprios filhos na mesa, e eu me perguntei se ela entrava em pânico quando eles ficavam doentes e se pesquisava os sintomas no Google e concluía que estavam morrendo.

— Vamos dar uma olhada, que tal?

O medo me sufocava com suas garras geladas. Eu tinha encostado um copo na pele dele várias vezes, até ver pontinhos onde quer que olhasse.

— Meu mais velho teve meningite — falei. — Ele morreu, então... — Minha voz falhou.

— Então é de extrema importância que a gente te tranquilize — disse a médica. — Eu entendo.

Meu filho estava bem. Ele estava sempre bem. E, aos poucos, comecei a ficar também.

Quando meu filho sobrevivente tinha seis meses, peguei uma virose que me deixou derrubada por vários dias. Nós tínhamos acabado de nos mudar e estávamos cercados de caixas, e eu não estava preparada para as emoções de encerrar um capítulo e começar outro. A casa nova era um recomeço, longe das lembranças daquela onde tínhamos nos tornado uma família de quatro membros e depois de três, mas, em vez de me sentir melhor, eu me sentia exausta.

Depois de vomitar pelo terceiro dia seguido, comprei um teste de gravidez. Tinham nos garantido que não teria como eu engravidar naturalmente, mas, ainda assim, me pareceu sensato descartar a possibilidade. Meu parto prematuro — e a subsequente cirurgia de emergência — tinham deixado uma boa quantidade de trauma não resolvido, e mesmo fazer aquele teste me deixou doente de medo. *E se acontecer de novo?* "Que ironia", pensei, "eu me sentir grata pela nossa infertilidade."

O teste deu positivo.

Se isto fosse um romance, esse momento seria meu final feliz. O bálsamo do meu luto, a recompensa pela minha dor e meu sofrimento. No mínimo, eu gostaria de dizer que foi um momento alegre, mas a vida real não costuma ser tão perfeita quanto a ficção.

— E se forem gêmeos de novo? — falei quando dei a notícia ao meu marido.

Ele se esforçou para me tranquilizar.

— Não vai ser. É uma gravidez natural. Vai dar tudo certo.

Entretanto, meu copo estava meio vazio, e eu já estava me adiantando para o desastre. Seriam gêmeos, eu sabia. Outra gravidez de risco, outro parto prematuro, outra batalha pela vida. Traumas novos podem deflagrar traumas antigos, e eu logo caí no luto de novo.

Eu me recusei a reconhecer a gravidez, ignorei a barriga crescendo e evitei roupas de grávida, preferindo zíperes forçados e botões abertos. Qual era o sentido de comprar roupas com cintura elástica se eu não seguraria os bebês tempo o bastante para valer o investimento? Meu estado mental era tal que um ultrassom precoce foi receitado, para que eu ficasse tranquila de estar carregando só um bebê; que os estresses que meu corpo tinha sofrido na gravidez anterior não ocorreriam desta vez. Minha mente era um torvelinho com os piores cenários possíveis, todos parecendo totalmente razoáveis. O bebê seria deficiente, incompatível com a vida. Eu teria outra insuficiência de líquido amniótico para mantê-lo seguro. Eu enterraria outro filho. Quando me deitei para o ultrassom, fiquei esperando ouvir que não havia batimentos.

Havia dois.

— Você acertou — disse a ultrassonografista quando se recuperou do choque. — Você vai ter gêmeos de novo. — Acertar era a pior coisa que poderia ter acontecido. Se eu tinha acertado a gravidez de gêmeos, argumentei, acertaria o resultado.

— Eles vão morrer — falei para o meu marido, para o médico da família, para a parteira, para os meus amigos. Eu fui cirúrgica e fria, estava apavorada e, bem possivelmente, apavorante. Meu médico acrescentou peso aos meus medos com estatísticas assustadoras, deixando as chances de um parto bem-sucedido em uns 30%. Eu teria que fazer uma cesárea para melhorar as chances; estava proibida de pegar qualquer coisa que pesasse mais do que uma chaleira, inclusive meu filho.

Eu só queria que acabasse. Parecia — para a minha mente arrasada, confusa e abalada pelo luto — que, se um raio fosse cair duas vezes, seria melhor que caísse de uma vez do que eu viver naquele estado de medo por mais sete meses.

Em fevereiro de 2008, meu segundo par de gêmeos nasceu em segurança, quinze meses depois do primeiro, e com um peso somado de quase seis quilos. Eu tinha me enganado. Um raio não caía duas vezes no mesmo lugar.

Para a maioria das pessoas, a morte é um acontecimento improvável. É uma coisa que acontece com desconhecidos, em outros lugares, outras vidas. Elas pensam nisso de forma superficial, abstrata, isso se pensarem.

É diferente para nós, não é?

Nós sabemos.

Nós sabemos como a vida é frágil, que uma pessoa pode estar aqui num momento e não estar mais no seguinte. Nós estamos profundamente cientes do perigo. Uma parte de nós está sempre preparada para uma notícia ruim. Passa a ser plenamente possível que um dia sua irmã vá trabalhar e não volte ou que seu pai possa cair morto atravessando a rua. Nós passamos pelo pior. Sabemos que coisas horríveis acontecem, então o que impede que aconteça de novo?

Percebi que tudo bem ter uma dose de neurose depois de vivenciar a morte de alguém próximo. As pessoas entendem. Esperam isso, até. De um modo geral, elas dão apoio e um ombro amigo. Tento analisar meus sentimentos, pensar se minha reação é proporcional. É razoável ter medo da doença quando todos os indícios sugerem que alguém está doente? Sim, lógico.

É razoável ter medo que um ônibus atropele seu ente querido que está caminhando em segurança na calçada, com uma mureta entre ele e a rua? É racional parar diante de uma porta todas as manhãs, com a mão na maçaneta, se preparando para encontrar seu bebê morto?

Não, infelizmente não é, e, se passasse por aquilo de novo, eu talvez tivesse procurado alguém para me ajudar a aliviar minha compulsão de prever o pior cenário possível. O pessimismo me contaminou por anos, e não ficava restrito à minha vida. Quando amigos compartilhavam com empolgação notícias de gravidez, eu precisava morder a língua. Sabia que seria inadequado articular a negatividade na minha cabeça, mas meu instinto era imaginar o pior. Cada viagem de férias podia terminar em desastre, cada casamento parecia entremeado de riscos. Eu tinha que me obrigar a esperar ansiosamente por aniversários ou datas comemorativas e ignorar a voz na minha cabeça que dizia: *Esse dia pode não chegar nunca*. O luto era meu ceifador, rondava meus momentos felizes, me lembrando de como eles podiam ser arrancados com tanta facilidade.

Eu sei o que você está pensando: eu devia ser a alegria das festas, né?

Contudo, o luto transforma todos nós em atores. Nós sorrimos e rimos por tanto tempo depois da nossa perda que mais ninguém pensa nela; jamais imaginariam que, por dentro, estamos pensando mais em morte do que em vida. O luto é a corrente por baixo do nosso mar aparentemente calmo.

É sábado, quase 13h. Eu acordo os adolescentes, porque, sinceramente, como alguém pode dormir tanto? Eles são praticamente animais noturnos. Subo a escada e abro três portas: *bam, bam, bam*.

— Bom dia! — cantarolo com alegria, porque isso os irrita.

Em seguida, pego meias espalhadas e as coloco em travesseiros, na esperança de que isso possa encorajar a descoberta do cesto de roupas sujas. Abro persianas e janelas, e os adolescentes reclamam e cobrem a cabeça com a coberta. Desço a escada, resmungando que seria bom ver algo sendo feito antes do sol se pôr, e será que vou ter que cuidar da louça sozinha de novo? Penso no que pode estar escondido debaixo da cama e nas gavetas e considero pedir que eles troquem os lençóis. Lembro a mim mesma de marcar consultas com o dentista e encomendar o uniforme da escola.

Não passa pela minha mente, nem uma única vez, que eles possam estar qualquer coisa além de gloriosa, brilhante e maravilhosamente vivos.

OITO

Eu prometo que você não vai sempre sentir tanta raiva

Eu estava na cozinha quando ouvi o carteiro chegar. Ele deixou a porta da van aberta, como sempre fazia, o rádio tocando com uma alegria feroz logo de manhã. Eu não tinha dormido bem (quando eu dormia bem?) e ainda estava de pijama quando fui recolher os restos do café da manhã. Ao ouvir o barulho dos envelopes no tapete, fui para o corredor pegá-los. Junto de algumas contas e um cartão-postal da minha irmã, havia um bilhete da Royal Mail.

Infelizmente, você não estava.

— Infelizmente eu não estava? — falei. — Eu estou bem aqui! — Abri a porta da frente e saí de chinelos. — Com licença! — No entanto, o rádio estava alto, e o carteiro, atrasado, e a van vermelha desapareceu colina acima.

Eu bati a porta.

— Eu estava bem aqui!

O cartão dizia que eu receberia meu pacote no dia seguinte, ou que eu mesma poderia ir buscar, mas só depois das 14h, quando, supostamente, o carteiro teria terminado as entregas. Eu não tinha ideia do que havia nele, não estava esperando nada. Entretanto, isso tornou minha frustração dez vezes pior. Podia ser importante. Mesmo que não fosse, era o *meu* pacote, e ele nem tinha *tentado* entregar. Não tinha nem se dado ao trabalho de tocar a campainha! Voltei à cozinha batendo os pés e tirei as crianças da mesa, mandei que voltassem para cima e fui injustamente ríspida quando elas demoraram. Apesar da manhã amena, a parte de trás da blusa do meu pijama estava grudada nas minhas costas com a elevação da minha temperatura. O que deveria ter sido uma irritação qualquer tinha assumido proporções monumentais.

— Como ele se atreve? — murmurei, puxando as meias dos pés com dificuldade. — Quem ele pensa que é?

Sem nenhum outro adulto em casa para aplacar minha fúria, para fazer piada com a minha irritação, ela fervilhou dentro de mim enquanto eu arrumava as crianças e cortava frutas para o lanche delas. Enquanto elas dormiam, andei de um lado para o outro, tendo conversas furiosas na minha cabeça e enviando uma mensagem ao meu marido, *você não vai acreditar no que o carteiro acabou de fazer.* Às 14h, a raiva dentro de mim estava descontrolada. Coloquei as crianças no carro, uma tarefa mais difícil do que parece, e dirigi até a agência do correio, onde balancei minhas chaves na fila e suspirei quando o homem na minha frente demorou demais para pegar a identidade.

— Ele nem tocou a campainha! — falei quando chegou a minha vez.

— Sinto muito por isso. — O funcionário atrás do balcão parecia cansado. Ele poderia realmente sentir muito, mas eu já tinha passado do ponto em que seria capaz de reconhecer isso. Continuei a reclamar sobre o carteiro, da escolha dele de estação de rádio e do volume no qual ele a ouvia, bem como da Royal Mail e da situação no Reino Unido, enquanto empurrava minha habilitação por cima do balcão. Eu gostaria de pensar que tive a educação de agradecer ao funcionário pelo meu pacote (que não continha nada significativo); sei que ele deve ter revirado os olhos quando saí.

Essa raiva desproporcional e desnecessária andou de mãos dadas com meu luto por muito tempo. Chegava em ondas, como o próprio luto. Ela me deixou exausta e vazia, como o luto. Eu senti raiva de formas que talvez sejam compreensíveis (de pais negligentes; de Deus; de uma recepcionista que ligou para marcar as vacinas de uma criança que tinha morrido um ano antes) e de formas que não fazem o menor sentido (uma topada com o dedo do pé, uma chave que não girava, um barista que entendeu meu nome errado). Passei semanas com raiva, tão permanentemente irritada que esse sentimento tomou conta de quem eu era, até nem eu me aguentar mais. Eu sempre valorizei a tolerância e me considerava equilibrada e empática, mas por anos fiquei feroz e desdenhosa, intolerante com ansiedades que eu considerava pequenas em comparação à minha perda.

É fácil ver agora que a minha raiva nunca tinha se dirigido ao carteiro da Royal Mail, ao barista, ou à perna da cadeira em que topei com o meu dedinho.

Eu estava com raiva porque meu filho tinha morrido.

Perto da nossa casa havia um centro familiar, com grupos de brincadeiras, uma creche, cafés da manhã comunitários, esse tipo de coisa. Quando fui lá pela primeira vez, eu estava atordoada com a notícia de que estava grávida de novo. Eu andava aos tropeções, com os olhos arregalados de forma nada natural, uma sobrevivente saindo de um local de acidente. No meu quadril estava encaixado meu filho de oito meses, pequeno a ponto de caber em fraldas de recém-nascido e ainda precisando de cuidado especializado. Em vermelho na minha agenda, em meio a massagens de bebê e atividades lúdicas, havia consultas com fisioterapeutas e especialistas cardíacos. Parecia que não tinha fim.

— Nós também passamos pelos cuidados especiais — disse uma mulher quando trocamos histórias tomando um café. Eu sorri para o bebê dela, lindo e sorridente, e a mulher balançou a cabeça. — Não, foi a minha filha. Ela morreu. — Todo o restante — os outros pais, os funcionários, as crianças correndo e os bebês chorando — desapareceu. Éramos só eu e outra mulher que conhecia a dor pela qual eu estava passando. "Nós poderíamos ser amigas", pensei. "Ajudaríamos uma à outra e ficaríamos mais fortes."

— Qual era o nome dela? — perguntei, porque isso sempre deveria vir primeiro. Enquanto ela falava, imaginei uma criança que tinha vivido por muitos anos mais do que a minha. Houve complicações no hospital; ela ficou com sequelas cerebrais não muito diferentes das sofridas pelo meu filho.

Ali, nossos caminhos divergiam. A filha dela foi para casa, para viver uma vida num quarto, uma vida de ser levada da cama para a cadeira, depois para o banho e então tudo de novo. Eu nem conseguia imaginar como tinha sido difícil, mas sentia inveja daquela outra mãe.

— Você vai processar? — perguntou ela, com a mesma tranquilidade de quem pergunta em que supermercado você faz compras.

Franzi a testa.

— Processar? — O restante do salão entrou em foco. Um bebê sorria no colo da mãe, o chá a uma distância segura dos dedos curiosos dele. Na parede, gráficos coloridos mostravam maçãs, botões e carros.

— Seu filho pegou uma doença no hospital. Se foram negligentes…

— Eu não acho que foram.

— Você só vai saber se houver uma investigação. Eu pediria uma. É o que estou fazendo.

— Não foi culpa de ninguém. — Eu queria que a conversa terminasse.

— Sempre é culpa de alguém — disse ela de maneira sombria. Ela recomendou escritórios de advocacia, falou sobre advogados que recusaram o caso dela e de outros que aceitaram seu dinheiro de bom grado. Falou da batalha dela só para fazer alguém ouvir; de audiências e apelações, reuniões e discussões ao longo de um ano até o seguinte. Enquanto ela falava, senti a fúria acumulada ali. Como riscador em pederneira, o amor e o luto pareciam ter gerado uma chama de raiva, uma força inesgotável que consumia toda a vida dela.

Depois, fui andando para casa. Era um dia frio de outono, as folhas estalavam na calçada e se espalhavam na estrada. A morte de Alex era culpa de alguém?

Nós devíamos ter entrado com um processo?

Eu me sentia menos mãe, como se não estivesse dedicando a vida (e todas as minhas economias) a cravar a causa da morte do meu filho. O que aquela mulher tinha descrito parecia exaustivo; uma luta implacável e voraz por respostas que talvez nem fossem encontradas. Minhas explosões de raiva eram curtas (corridas de velocidade, e não maratonas), e eu não sabia se tinha espaço para uma fúria tão grande. Que diferença faria ganhar um caso no tribunal? Estabelecer que Alex tinha morrido porque alguém não tinha feito seu trabalho direito? Isso não o traria de volta a mim.

No fim das contas, minha relutância de lutar com as autoridades não era por parecer sem sentido, nem por eu ter medo de perder. Não era porque eu não tinha forças para correr uma maratona. Era porque eu não estava com raiva deles.

Eu sabia que a equipe do hospital não tinha sido negligente, que eles tinham feito tudo que podiam para salvar a vida de Alex, mesmo quando as chances iam todas contra. Eu sabia que, sem eles, eu não estaria empurrando um bebê de oito meses do centro familiar para casa.

Às vezes, o luto vira raiva sem que reparemos, e temos que nos esforçar para interromper esse processo antes de descontar nas pessoas que não merecem nossa ira. Em outras ocasiões, acho que é uma decisão sombria. Pode ser mais fácil canalizar sentimentos para a raiva do que permitir que saiam em soluços engasgados; parece mais produtivo ter como obsessão estudos de caso de tribunal a ficar na cama esperando o fim do mundo. A sociedade aceita a raiva bem melhor do que o luto.

Também acontece, óbvio, de alguém morrer devido às ações de outra pessoa... ou pela falta de ação. Quando eu era policial, dei notícias péssimas a mais pessoas do que consigo contar; a vida de seus entes queridos perdida em acidentes de trabalho, colisões de estrada, agressões e assassinato. Eu lamento se, de tudo neste livro, for isso o que mais reverbera em você. Não consigo imaginar como deve ser horrível; como você deve sentir raiva das pessoas responsáveis.

Eu acho que, assim como não podemos nos esconder do luto (ele vai acabar nos encontrando), nós temos que abraçar a raiva. Se algo te deixa com raiva, fique com raiva.

Suas emoções são válidas e reais, e não motivo de vergonha. Talvez haja capítulos neste livro que deixaram você com vontade de jogá-lo do outro lado da sala, e tudo bem, o livro aguenta. Melhor para fora do que para dentro, como dizem. A raiva reprimida nos consome do mesmo jeito que o luto e nos deixa desesperadamente infelizes.

Quer nossa raiva seja justificada, quer seja irracional, ela tem que ir a algum lugar. Sempre achei que temos duas opções: ajudar a dissipá-la com gentileza ou deixar sair numa explosão. Confesso que sempre fui mais inclinada à segunda. Se você é uma pessoa mais gentil do que eu, talvez possa tentar exercícios de respiração, que direcionam seu foco para outra coisa que não a emoção intensa que você esteja sentindo. Você pode contar enquanto respira (inspirar por quatro segundos, segurar por sete, soltar por oito), ou só passar alguns minutos respirando devagar e profundamente, sem pensar em nada além de cada inspiração e expiração.

Quando você precisar explodir (e todo mundo precisa de vez em quando), ajuda se você encontrar saídas que absorvam a raiva em vez de a jogar de volta para nós: um saco de pancadas em vez de um amigo, um grito no carro em vez de uma discussão com o caixa.

Vários anos depois que Alex morreu, eu senti uma queimação dentro de mim enquanto me aproximava de uma rotatória com trânsito pesado. Pensei que a raiva fosse bem parecida com o luto na forma como subia como água de inundação; que a ansiedade também funcionava da mesma forma insidiosa. Diferente da alegria ou da felicidade, que podem chegar num instante, essas emoções desconfortáveis penetram nas nossas veias e nos afogam por dentro. Quando cheguei na estrada desimpedida, com campos dourados dos dois lados, eu mal conseguia respirar. Não estava com raiva do trânsito nem do dia difícil que tinha tido no trabalho; eu estava com raiva da vida. Com raiva da virada do destino que tinha provocado uma infecção no meu filho, que tinha feito essa infecção tomar todas as partes do cérebro dele. Com raiva de ele ter morrido enquanto outros viviam; com raiva porque a morte dele foi um momento, mas meu luto duraria para sempre. Com raiva de ainda me sentir assim, depois de tanto tempo.

Sozinha no carro, longe do trânsito, eu gritei. O tipo de grito que faria gente vir correndo, que espantaria cachorros e assustaria crianças. Um grito digno de filmes de terror e jantares misteriosos e sangrentos. Eu recomendo.

Quando cheguei em casa, calcei o tênis e fui correr, uma coisa que sempre dissolve as tensões em mim. Eu não gosto de correr, o que torna essa uma excelente atividade na qual descontar a minha raiva (embora eu tenha ouvido que é igualmente um alívio para estresse caso você ame). A volta mais próxima para a nossa casa podia ser feita em duas direções, e optei pela mais íngreme, para que minhas pernas ficassem queimando. Estava escuro, o interior das casas pelas quais eu passava parecia aconchegante e quente, e deixei meu ressentimento servir de combustível para os meus passos. Corri mais rápido do que conseguia aguentar, parei no alto da subida para me apoiar num portão e respirar fundo. Embaixo de mim, a cidade estava cintilando e o ar estava imóvel, e o fogo dentro de mim tinha se extinguido.

A raiva é passível de ser canalizada para o cansaço físico, e, se você tiver a habilidade de correr, nadar ou socar um saco de areia, vai acabar vendo que ajuda. Para alguns, o alívio se dá por meio de música alta ou meditação, de um podcast de comédia ou uma noitada com amigos. Sua raiva é só sua, assim como seu luto é só seu.

De todas as formas que encontrei para lidar com a minha raiva, a mais eficiente é simplesmente aceitá-la. Para mim mesma e, às vezes, para os outros.

— Estou sentindo uma raiva desproporcional disso — digo ao meu marido quando algo me levou ao limite. Quase na mesma hora, me sinto melhor. Reconhecer uma emoção é o primeiro passo para entendê-la, e reconhecer a irracionalidade dela remove o poder que ela tem.

— Tem algo que eu possa fazer para ajudar? — pergunta ele, porque isso acontece com frequência e porque ele reconhece a sensação melhor do que a maioria das pessoas.

— Acho que não.

— Tudo bem. — Ele chega perto o suficiente para me tocar, mas não é exatamente um abraço. Ombro a ombro, de forma figurativa e literal.

— Eu só… — Eu hesito, sem conseguir encontrar as palavras, e só digo: — É que eu estou com tanta, tanta raiva…

— Eu sei. — E ele sabe, lógico.

Talvez você também saiba.

Eu moro numa cidade pequena agora, onde todo mundo se conhece. Nossa campainha toca toda hora. Crianças chamando meus filhos para brincar; amigos aparecendo para um chá, ou um café; vizinhos precisando de favor ou devolvendo algo que pegaram emprestado. Do meu escritório, no andar de cima, posso ver quem está chegando e gritar para os adolescentes atenderem à porta. As entregas são quase sempre para mim. Encomendas feitas on-line ou exemplares dos meus livros para eu babar. Às vezes, quando chego no andar de baixo e prendo os cachorros na cozinha, o carteiro já se foi. Eu saio e tenho um vislumbre da van vermelha indo embora.

Hoje de manhã, perdi uma entrega. A mensagem de texto que eu recebi diz, *Deixado na varanda*, mas não tem pacote nenhum junto à porta, então eu clico no link para ver a prova. De fato, há uma fotografia de uma caixa com meu nome em cima de um capacho ao lado de uma porta. Só que não é a *minha* porta.

Enfio os pés nos sapatos de jardinagem e pego um casaco. Vou para um lado da rua e depois para o outro, olhando a foto em busca de pistas do dono. Azul... mas não aquele azul. Um capacho de fibras de coco, mas liso, não estampado.

Eu deveria estar trabalhando, tenho este livro para terminar e tenho que editar outro, e não tenho tempo de brincar de pique-esconde. É irritante, eu estou irritada, mas… acontece, não é?

Pronto! Porta azul. Capacho liso. Nada de pacote.

Eu bato. Conheço quem mora ali, e não é o jovem ainda meio sonolento que abre a porta. Sim, ele recebeu um pacote não tem muito tempo; achou que fosse para a mãe dele, está em algum lugar…

Eu volto para casa na chuva, com o pacote embaixo do braço. Acontece.

Eu adoraria dizer que hoje em dia eu nunca fico com raiva. Que ando pela vida com serenidade, nunca elevo a voz, nunca perco a cabeça. Que sorrio como uma santa quando acontece algo irritante no trânsito; respiro fundo quando meu suéter favorito encolhe na máquina de lavar.

Contudo, estamos na vida real, e não num conto de fadas.

Eu não sou uma pessoa calma. Vivo batendo os pés pela casa, descontando as frustrações no aspirador de pó, nos cachorros, na porta de entrada. Grito com os adolescentes quando estou perto de um prazo e não consigo encontrar as palavras certas. Perco a cabeça com a impressora, faço gestos de *o que você pensa que está fazendo?* para motoristas incompetentes e surto com a máquina de autoatendimento do supermercado: *Está na sacola, sua estúpida!* Em suma: eu acho que sou uma mulher bem normal de quarenta e tantos anos com um emprego, uma família, uma vida agitada e uma paciência com limite.

Entretanto eu não tenho mais um pavio tão curto. Não tenho mais raiva ardendo o tempo todo embaixo da superfície, como um vulcão capaz de entrar em erupção a qualquer momento. Não preciso encontrar um escape para a raiva, porque não sinto mais raiva pelo meu filho ter morrido. Eu sinto tristeza. Sinto saudades dele. Queria que as coisas tivessem sido diferentes, mas não estou com raiva, não mais. Aconteceu, e não tem nada que eu possa fazer para mudar isso.

Não tem problema sentir raiva, assim como não tem problema ficar triste, ficar feliz, sentir todo um leque de emoções, às vezes no mesmo dia. O luto é feio e complicado, e alguns dos sintomas dele e ficam conosco para sempre. Você não vai sempre sentir tanta raiva, mas, quando sentir, siga a onda. Vai passar.

NOVE

Eu prometo que você não vai sempre sentir tanta culpa

— Foi culpa minha.

Eu estava com a minha melhor amiga, meu chá esfriando ao meu lado. Eu ainda estava no estágio em que analisava todas as ações, todos os momentos do que eu tinha passado a ver como o Antes.

— Não foi sua culpa.

Não sei quantas vezes ela repetiu isso ao longo dos anos. Sempre com a mesma convicção, nunca frustrada, nunca frívola. *Não foi sua culpa.*

Eu comecei a fazer uma lista.

Nós tínhamos feito tratamento de fertilidade. Isso aumentava a probabilidade de múltiplos fetos e, em consequência, os riscos; e eu não tinha lido em algum lugar sobre as ligações entre fertilização in vitro (FIV) e prematuridade?

— Dá pra encontrar provas pra tudo — disse a minha amiga — se você procurar bem.

E aí, eu fui ao evento de bebês em Londres: tantos corredores, tantos expositores. Fiquei de um lado para o outro o dia todo, com 22 semanas de gravidez. Tanta gente tossindo e espirrando em cima de mim.

— Você pode ter pegado em qualquer lugar.

No entanto, eu peguei lá. Eu sabia que tinha sido lá, assim como sabemos a refeição exata que nos fez passar mal, porque, quando lembramos, o estômago se revira.

A feira de bebês tinha sido como se pode esperar: um galpão amplo cheio de estandes persuadindo futuros pais ansiosos de que eles precisavam de um aquecedor de mamadeiras ou de uma lixeira de fraldas ou de uma seringa especial para remover muco do nariz de um recém-nascido. Estava quente e barulhento e foi totalmente desnecessário, mas, meu Deus, eu adorei. Adorei balançar a barriga por cada porta, examinar o mapa para ver onde ficavam os estandes, que brindes eu poderia ganhar. Eu amei a mão tranquilizadora do meu marido na minha lombar, ouvir o orgulho em sua voz quando ele dizia para mais um vendedor: *Sim, são gêmeos*. Quando você ouviu que é incapaz de conceber de forma natural, uma dor por si só, ir a um evento específico para futuros pais parece um milagre.

Fiquei enjoada antes mesmo de tirarmos do carro o carrinho duplo que tinha saído por uma pechincha (tirado da vitrine e sem direito a devolução, mas por que iríamos querer devolver?), e fui para a cama cedo, exausta. Acordei de madrugada com o estômago embrulhado; cólicas agonizantes que me faziam querer me vingar de alguém. Nunca fiquei tão aliviada de vomitar. Eu não estava em trabalho de parto! Só estava doente! Fiquei tão delirante de alívio que nem me importei de estar fraca demais para ficar de pé. O médico veio me ver em casa, uma coisa que eu achava que só acontecia em livros, e prescreveu descanso e hidratação. Disse que o coração dos bebês estava firme e estável, e todo mundo relaxou.

— Você nem tem como ter certeza de que foi isso que causou o parto prematuro — disse minha amiga com gentileza.

Contudo, eu sabia.

Quinze dias depois, fiz um exame de rotina. Eu tinha saído do trabalho cedo e dirigi até Oxford, e me dei conta de que não demoraria para que eu ficasse grande demais até não caber atrás do volante. Na sala de espera, folheei uma revista, avaliei as outras barrigas e tentei adivinhar o tempo de gestação de cada uma. Comprei uma tortinha de massa folhada em um café (*eu estava comendo por três!*) e deixei cair migalhas de massa amanteigada na barriga.

— Sra. Mackintosh?

Você vai ter momentos assim. Numa sala de hospital, talvez, como eu; ou na sua sala de casa. Recebendo uma ligação da polícia, de um parente ou amigo. Você vai se lembrar do segundo preciso em que recebeu a notícia. Do momento em que sua vida mudou. Se você fechar os olhos agora, vai ver tudo, as cenas tão vívidas e apavorantes quanto no dia em que aconteceram.

Eu tinha perdido líquido amniótico. Estava horrorizada. Como pude ser tão descuidada? Como pude não notar?

— Você deve ter perdido um pouquinho a cada dia — explicou o médico. — Imagino que esteja acontecendo há algumas semanas. Você ficou doente?

Eu fui internada. Pés para o alto, pernas e dedos cruzados.

— Na próxima vez que sair do hospital — disse a enfermeira que estava cuidando de mim —, você vai levar seus bebês pra casa.

Bebê. No fim das contas.

Desculpe por não ter protegido você, escrevi no meu diário repetidas vezes nas semanas seguintes.

— Não foi sua culpa — disse minha amiga várias vezes. Ainda paciente, ainda gentil.

Entretanto, mesmo que não tenha sido, mesmo que tudo que levou até a chegada prematura dos nossos bebês tenha sido apenas *uma dessas coisas que acontecem*, a decisão final de acabar com a vida de Alex foi nossa.

Muitas vezes ficamos equilibrados entre vida e morte. O momento em que saímos da rua, o carro visto a tempo; o momento em que nos deitamos na mesa de cirurgia, impotentes na mão do cirurgião. Momentos assim estão quase sempre fora do nosso controle; quase nunca temos escolha. Quando temos, vivemos com as consequências dela para sempre.

Meu filho morreu porque nós decidimos desligar as máquinas que o mantinham vivo. Não queríamos que ele morresse; queríamos poupá-lo de uma vida sem escolhas próprias.

A culpa, assim como o luto, não se importa muito com nuances.

Era culpa minha. A sensação era essa.

Na minha experiência, a culpa e o luto estão tão entrelaçados que é difícil saber onde termina um e começa o outro. Nos meses seguintes ao nascimento dos meus segundos gêmeos, fui tomada de culpa por não ficar junto deles, por não me sentir como eu sabia que uma mãe deveria se sentir. Demorou para eu entender que os tinha amado desde o começo e que só estava me protegendo do que me parecia inevitável: que um ou os dois morreriam. Tantos anos depois, ainda me preocupo com o impacto daqueles primeiros meses.

Mesmo que não tenha tido participação na morte em si, você pode sentir culpa pelo cuidado que deveria ter tomado antes de ser tarde demais. Pode sentir culpa por palavras ditas, e pelas não ditas; pelas decisões que você tomou e deixou de tomar; pelos pensamentos ruins que teve; pela última conversa. Se ao menos você soubesse.

Depois que meu pai morreu, pensei em todas as vezes que fiquei secretamente entediada com as conversas dele sobre política. Quando ele me visitou em Paris durante o ano que passei estudando no exterior, fiquei morrendo de vergonha da insistência dele em levar um pedaço de cheddar e pão de forma.

— Não tem sanduíche decente aqui — disse ele.

O que eu não daria agora por um bate-papo debaixo da torre Eiffel com uma rodada de queijo e picles.

Nós fizemos planos de percorrer a trilha da costa galesa juntos, mas não fizemos mais do que olhar o mapa. Conversamos sobre o carro clássico que ele compraria quando se aposentasse e que dirigiríamos para algum lugar em comboio, ele no TR6, eu no meu MG Midget. Ele não teve essa oportunidade.

A culpa pelo que não foi feito é uma forma de autoflagelação que não leva a nada. Temos de nos concentrar no que *fizemos*. Lembro-me de encontrar meu pai saindo do Eurostar, de mostrar a cidade que eu estava chamando de lar. Penso na viagem inesquecível que fizemos de Buckinghamshire para Le Mans, quando dormimos espremidos no meu carro porque eu tinha me esquecido de reservar um hotel.

Por mais conturbada que tenha sido nossa relação com a pessoa que perdemos, por mais curto que tenha sido o tempo que passamos juntos, vai haver momentos a valorizar. Nós podemos direcionar nossa energia para lembrar o que fizemos, e não o que queríamos ter arrumado tempo para fazer.

Eu tive 33 anos para fabricar lembranças com meu pai. Só tive cinco semanas com meu filho, mas me lembro da onda de euforia quando o dei à luz, do amor que senti quando o segurei pela primeira vez. Eu me lembro da minha confiança aumentando a cada troca de fraldas, enquanto ele me ensinava a ser mãe. Eu queria tanto ter tirado mais fotos, não ter esperado que ele ficasse sem o tubo de alimentação ou passasse a usar roupas comuns ou saísse do hospital, mas valorizo as poucas que eu tenho.

Encontre esses momentos e se agarre a eles, e, quando a culpa surgir nos recônditos da sua mente, mostre-os a si mesmo. Eu vejo o seu *não retornei a ligação dela* e aposto dez vezes mais que você a apoiou várias vezes. Me dê um *eu devia ter percebido que algo estava errado* e vou jogar na mesa uma lembrança dos bons tempos, dos *eu te amo* e dos *não foi legal o nosso dia?*.

Se eles ainda estivessem vivos, eles nos perdoariam por qualquer transgressão menor que nos mantém acordados à noite, não é verdade?

Lógico que sim.

Então, temos que nos perdoar.

Uma das grandes ironias do luto é que, quando começamos a nos sentir melhor, a culpa volta para fazer nos sentir pior.

Como você ousa ficar feliz depois de tudo que aconteceu?

Logo depois que Alex morreu, nossos vizinhos nos levaram ao teatro. Era Natal, e a peça era uma pantomima, e eu nunca senti menos vontade de ir ver uma pantomima. Nosso filho vivo ainda estava no hospital, e a vida era uma viagem infinita entre lá e a nossa casa, ficar sentada ao lado de uma cama antes de voltar para casa e cair em outra.

— Vocês precisam de uma noite de folga — disseram nossos vizinhos. — Não podem continuar assim.

Eles não foram as primeiras pessoas a sugerir que precisávamos de descanso. Os funcionários do hospital sempre diziam para passarmos uma noite em casa (*nós vamos cuidar bem dele; você pode ligar quantas vezes quiser*), e familiares e amigos imploraram para que nos cuidássemos (*vocês devem estar exaustos*). Nós ignoramos todo mundo. Então por que deixamos que nossos vizinhos nos levassem ao teatro?

Porque eles conheciam o luto e conheciam a recuperação. Eles tinham perdido um filho e ainda estavam de pé. Eles sabiam do que nós precisávamos, não por terem lido num livro de autoajuda nem por fazer sentido no cérebro deles, e sim porque eles tinham vivido a mesma coisa. Eles conquistaram o direito de dar conselhos.

Quando estávamos nos arrumando para sair, tive a sensação de estar num palco, interpretando um papel ao qual eu não estava acostumada. Pareceu errado até *pensar* em me divertir, botar uma roupa bonita, me maquiar, secar o cabelo. O que nós estávamos fazendo?

Liguei para o hospital.

— Ele está bem? Tem certeza de que não tem problema eu não estar aí hoje?

Eu tinha medo de eles nos julgarem ou acharem que não nos importávamos. Tinha medo de vermos alguém conhecido no teatro e de a pessoa nos achar desalmados. Eu senti tanta culpa que quase cancelei, e só a gentileza dos nossos vizinhos me impediu. Muito provavelmente eles poderiam ter convidado outro casal, que teria sido uma companhia melhor do que aquele casal derrotado que se desligava das conversas de tempos em tempos para olhar para um abismo de dor. Eles nos escolheram. Eles sabiam do que precisávamos melhor do que nós mesmos.

Por um acordo tácito, nós não falamos de hospitais nem de filhos quando fomos andando para o teatro. O saguão estava lotado, e senti de súbito um pavor, como se tivesse passado anos num bunker subterrâneo, longe de gente. Segurei a mão do meu marido com força, e nossos vizinhos nos guiaram com gentileza até nossos lugares.

Não sei dizer qual foi a pantomima nem se foi boa, mas posso dizer que eu ri, o que foi uma sensação estranha. O riso por si só saiu rouco por falta de uso e gerou uma onda de remorso: um par incongruente que acabaria ficando bem familiar nos meses seguintes. Desconfio que você também tenha sentido.

Em poucas palavras, nós nos sentimos mal quando nos sentimos bem.

No entanto, escute: nós já nos sentimos muito mal quando nos sentimos mal, certo? Então, nas raras ocasiões em que o desespero passa e sentimos um brilho de felicidade, você não acha que deveríamos abraçá-la? Permitir só por um momento que sintamos o calor do sol na pele antes das nuvens voltarem?

Eu já falei em outra parte deste livro que temos que ceder às nossas emoções — tristeza, raiva, choro —, e isso é igualmente verdadeiro quanto à felicidade. Não a analise, não tente medi-la nem justificá-la. Tudo bem você não estar bem, mas também está tudo bem em se sentir bem.

DEZ

Eu prometo que você não vai sempre sentir tanto cansaço

Minha sala ficava no segundo andar da delegacia no centro da cidade. Era funcional e sem graça, como pode se esperar que seja a sala de uma inspetora de polícia, com uma escrivaninha de canto grande, um armário no qual eu escondia cereal e saquinhos de chá e duas poltronas para quando uma conversa com os colegas se estendia demais. Eu estava sentada numa delas agora, com um caderno no colo, esperando que uma pessoa da minha equipe chegasse. Era abril, um mês de avaliações e orçamentos de fim de ano, e pela janela eu via a copa das árvores se enchendo de folhas. Embaixo delas, o rumor constante do pátio da delegacia. A porta se abria e fechava, portas de carro eram batidas. Sirenes eram testadas no começo de um turno, luzes azuis tingindo as paredes. Trechos de conversas entravam pela minha janela aberta.

Fechei os olhos.

Eu trabalhava em tempo integral e tinha três filhos com menos de dois anos. A mensalidade da creche era absurdamente cara, então nós contratamos uma babá. Assim que ela chegava, eu saía de casa gritando pedidos de desculpas enquanto entrava no meu carro.

— Eles tomaram café da manhã, mas não estão vestidos, desculpe. Um deles enfiou um negócio no nariz. Você pode tirar a louça da máquina? Muito obrigada, desculpe, obrigada...

Eu estava pateticamente agradecida por poder ir trabalhar, recuperar uma parte da minha identidade. Os acontecimentos dos dois anos anteriores tinham me deixado tão insegura que eu mal me reconhecia no espelho. Minha volta ao trabalho veio com um grau de síndrome do impostor que eu nunca tinha sentido antes nem senti depois, mas foi um alívio voltar mesmo assim. Aquele era um trabalho que eu (em geral) sabia como fazer. Um trabalho em que era (em geral) boa. No caminho para Oxford, eu colocava os acessórios do uniforme e o clipe da gravata e rezava para encontrar uma vaga no estacionamento, onde eu começava a olhar os e-mails enquanto esperava o ônibus. Quando chegava à minha mesa, às oito da manhã, minha metamorfose de mãe para policial estava completa, e eu sentia como se já tivesse tido um dia inteiro de trabalho.

— Hã... chefe?

Levei um susto e limpei discretamente a boca, de onde eu desconfiava que havia baba pingando.

— Sim! Oi! Desculpe. Certo. Tudo pronto. — Eu nunca tinha me sentido menos pronta.

— Cansada?

— Acho que sim. Rá! Certo, vamos direto ao assunto. — Eu abri meu caderno.

Havia camadas no meu cansaço. Na superfície, havia o tipo de cansaço que era aceitável ter no local de trabalho. O tipo de cansaço de quem chegou cedo para preparar a equipe de resposta ou de quem ficou até tarde no escritório de novo. Ser policial era um trabalho sem descanso, e além do meu emprego eu era agora comandante da ordem pública e lidava com os tipos de protesto e manifestação que não se restringiam ao horário comercial. Era compreensível (até, eu achava às vezes, esperado) que eu estivesse meio cansada.

Por baixo disso havia a fadiga familiar a todas as mães, pais e cuidadores. Não só as noites insones como também a ginástica mental para dar conta das tarefas relacionadas ao cuidado infantil e o medo constante de alguém cair doente. A preocupação com escolhas de escola e bullying no parquinho, o eterno "o que preparar para o jantar?".

— As crianças não estão dormindo? — perguntou o policial.

Eu abri um sorriso irônico.

— Sabe como é. E o que você está achando da função nova?

Meus filhos dormiam bem. Apagavam como uma vela às 19h e não emitiam um pio por doze horas. Já o meu padrão de sono era uma coisa completamente diferente.

A terceira camada do meu cansaço não seria resolvida com uma boa noite de sono nem uma semana de folga do trabalho. Na verdade, eu me sentia mais exausta longe das distrações do trabalho. Eu estava cansada porque passava a noite acordada lutando com a culpa e o medo, e porque ficava lendo até altas horas com medo de apagar a luz. Eu estava cansada porque, quando dormia, era como se eu estivesse drogada, com algo me puxando para baixo até eu sentir como se estivesse me afogando. Eu acordava no meio de uma névoa densa, como se estivesse despertando de anestesia. Estava cansada porque estava de luto.

A fadiga do luto penetra no tutano do osso, nos deixa pesados, de forma que até manter a cabeça erguida é um esforço enorme. Ela nos faz ignorar nossa sede, porque nos levantar para pegar um copo de água vai além das nossas capacidades. Nós poderíamos dormir um dia inteiro e não nos sentirmos revigorados, porque não estamos só cansados; estamos de luto.

O pior de tudo é que o cansaço exacerba outros sintomas do luto, como a ansiedade, a depressão, a confusão... E o ciclo continua.

Contudo, eu não preciso te contar isso. Você já sabe.

Como todos os elementos do luto, o impacto que ele tem no sono varia de pessoa para pessoa e de um mês para o outro. Logo depois da morte de Alex, eu dormi como se meu corpo tivesse esperanças de não acordar. O sono estava sempre lá, me permitindo com uma certa contrariedade executar funções curtas e básicas antes de me puxar de novo para seu abraço sufocante. Eu acordava exausta, como se já fosse hora de dormir.

A equipe da UTI, que também trabalhava por horários prolongados e erráticos, devia estar acostumada a pais batendo cabeça de sono ao lado das incubadoras dos bebês. Uma vez eu descobri que tinham enrolado um cobertor em mim e colocado meu casaco embaixo da minha cabeça, que estava batendo na cadeira.

Quando voltamos do hospital para casa com nosso filho de quatro meses, fiquei grata pelo antigo conselho de dormir quando o bebê dormia. Eu afundava de boa vontade no esquecimento do sono, a fronteira entre o cansaço do luto e o cansaço da maternidade recente indefinida.

Se seu luto faz com que você precise dormir o tempo todo, eu acho que tudo bem. Se você precisa se encolher no sofá seis vezes por dia, não vejo motivo para não o fazer. A perda de uma pessoa é um trauma. Se estivéssemos nos recuperando de um acidente horrível, machucados e feridos e tendo sobrevivido por pouco, ninguém pensaria duas vezes se dormíssemos a noite toda e metade do dia. O sono é bom. O sono cura.

Às vezes, a realidade da perda só bate depois de um tempo, e, quando bate, os sintomas do nosso luto podem mudar. Vários meses depois da morte de Alex, quando por fora eu parecia estar funcionando normalmente, eu não conseguia pregar o olho.

Lembro-me de um momento, uns seis meses depois do meu casamento, quando o fato de que eu estava casada enfim tinha batido. Houvera a agitação de todos os preparativos, depois o dia em si. Uma lua de mel, presentes para abrir, bilhetes de agradecimento para escrever. Muito depois, quando todo mundo tinha visto as fotos e nós tínhamos arrumado os lindos presentes e visitado amigos e parentes, ficamos só nós dois. Foi uma delícia, mas foi estranhamente vazio: uma nova situação com a qual eu ainda não tinha me acostumado.

Foi um tipo de momento bem diferente depois que Alex morreu, mas, mesmo assim, eu o reconheci. A adrenalina de lutar ou fugir tinha se dissipado, e a onda de preocupação tinha sumido. Não havia mais visitas trazendo lasanha nem cartões embaixo da porta. Éramos só nós e nossa dor, e seria assim para sempre.

Eu me lembro de sentir um desespero tão grande na época, e, se isso te diz algo, preciso que você saiba que eu estava enganada. Na minha cabeça confusa, eu tinha feito um progresso tão grande (não tinha virado um poço jorrando lágrimas 24 horas por dia, então devia ter melhorado) que imaginava que minha curva de recuperação estava plana. Pronto. Isso era o melhor que ficaria. Eu ficava deitada à noite, olhando o escuro, sentindo uma dor danada pela minha antiga vida e também pelo meu filho. É provável que eu dormisse, porque eu tinha pesadelos, mas não é isso de que me lembro daqueles meses. Eu me lembro de estar acordada, chorando em silêncio no quase breu, sentindo como se meu coração estivesse se partindo.

Eu tinha medo dos turnos da noite do meu marido. Mandava mensagem às quatro da manhã: mensagens que não diziam nada, mas diziam tudo. Um coração azul, uma série de beijos, uma fotografia dos nossos meninos.

— Você está bem? — perguntava ele da viatura em algum lugar de Oxfordshire.

— Estou — eu dizia. Afinal, o que ele poderia fazer? O que qualquer pessoa poderia?

Com o passar do tempo, meu choro noturno passou, assim como a dor aguda de um ferimento vira uma dor leve e constante, mas àquela altura eu já tinha perdido o hábito de dormir bem. Quando meu mais velho estava com seis anos e os gêmeos com cinco, eu tinha aprendido a viver com apenas algumas horas de sono. Não sei se meu desempenho no trabalho foi afetado, mas eu sabia que em casa eu não era mais a mesma. Sempre tinha sido ambiciosa, mas percebi que o que via como "ter tudo" não passava de "fazer tudo". E nem sempre muito bem.

Eu larguei a polícia.

Pareceu uma segunda perda, e eu solucei enquanto tirava meu distintivo. Há muitas definições de luto no dicionário, mas poucas não fazem referência à morte. *Tristeza muito profunda*, diz o Cambridge English Dictionary, *sobretudo pela morte de alguém*. Outros dicionários se referem a uma *emoção sentida como resultado de perda ou arrependimento*. Um término, o fim de uma amizade, uma demissão, o fim de uma carreira... tudo isso é catalisador do luto.

Longe da polícia, eu continuei a usar o trabalho como desculpa para não dormir, e passava longas noites escrevendo meu livro de estreia ou procurando trabalho de freelancer. Com meu marido trabalhando à noite e as crianças dormindo, não havia ninguém para me encorajar a adotar uma rotina mais saudável. Eu ficava à mesa, ou no andar de baixo, na frente da televisão, até minha cabeça ficar pesada, e ainda ficava mais um pouco. Eu lia até meus olhos arderem e as palavras dançarem na página, não por querer saber como a história se desenrolava, e sim porque a exaustão era a única forma que eu conhecia para dormir.

Durante o dia, quando a minha mente estava ocupada, não havia espaço para pensamentos maliciosos, mas à noite era completamente diferente. Eu morria de medo do silêncio. Do espaço. Não que eu percebesse na hora o que estava evitando. Na verdade, eu via o sono como um mal irritante e necessário: algo para aguentar, e não para apreciar.

— É uma perda de tempo tão grande — eu dizia, suspirando. Tinha levado as crianças a Devon para ficarem com uma amiga escritora. Os gêmeos deviam ter uns seis ou sete anos, e eu estava no meio do meu segundo livro policial. — Imagine o quanto mais eu conseguiria fazer se não precisasse dormir.

Minha amiga, que ama mais do que tudo ir dormir cedo depois de mergulhar numa pilha de livros de culinária e a certeza de que teria oito horas gloriosas de sono, fez um ruído de reprovação.

— Você está redondamente enganada. O sono é o *motivo* de conseguirmos fazer as coisas. É quando nosso cérebro entende o que vivemos durante o dia; como deciframos tudo.

Rejeitei a lógica dela e continuei tentando fazer tudo ao mesmo tempo o tempo todo, raramente indo dormir antes da uma ou duas da madrugada, afastando os pensamentos difíceis com barulho e ocupação. Eu tinha medo da hora de dormir da mesma forma que algumas pessoas têm medo da manhã de segunda-feira ou do fim do ano fiscal, adiando esse momento até não conseguir mais ficar fisicamente acordada.

Quando eu acordava à noite, pegava o celular e afastava qualquer chance de sono com posts, curtidas e compartilhamentos. Eu guardava as mínimas novidades das outras pessoas em todos os cantinhos da minha mente. De manhã, estava exausta, mas tudo bem. Eu tinha cafeína, tinha açúcar.

Acostumar-se com a exaustão não é o mesmo que estar funcionando bem. O cansaço impacta no seu humor, na sua produtividade, na sua capacidade de absorver pensamentos e tomar decisões. Eu sentia que estava me perdendo, o luto e a fadiga se misturando com frequência com a apatia, até eu não ter mais certeza se estava triste, cansada ou simplesmente nem aí.

Em certo começo de ano, resolvi deixar meu celular no andar de baixo durante a noite. Foi a única resolução de Ano-Novo que cumpri, e não é exagero dizer que foi uma transformação. Quando eu acordava à noite, tinha que confrontar meus pensamentos em vez de encher a mente com os das outras pessoas. Percebi que por anos eu vinha tentando afogar o que havia na minha cabeça, quando deveria estar ouvindo todo e qualquer som. Permitir que o meu luto tomasse forma, reconhecê-lo e admiti-lo... para depois deixar passar.

Como a maioria das coisas, isso é difícil de fazer quando se teve uma perda recente. Mesmo agora, quando estou num lugar sombrio, eu prefiro ligar o rádio ou ouvir um audiolivro quando vou para a cama em vez de permitir que minha voz interior assuma o controle. Nas piores semanas da minha insônia alimentada pelo luto, fiquei viciada na falação baixa e contínua dos canais de compras. Eu nunca comprava nada, mas sempre vou agradecer pela companhia dos apresentadores sorridentes, cuja passagem suave de um produto para outro preenchia o espaço que o luto aguardava para invadir.

É noite de sábado, e a minha cama está me chamando. Ainda está cedo, ainda tem muita coisa na televisão, mas meu marido está fora, e eu quase sinto o abraço do meu edredom e a maciez do meu travesseiro debaixo da cabeça. Fiz algumas mudanças, todas pequenas: roupa de cama nova, uma vela aromática, cestas para a bagunça, e meu quarto virou um refúgio do resto da casa, onde os adolescentes se livram de meias na escada e largam uma trilha de migalhas da cozinha até o sofá.

— Você pode soltar os cachorros? — pergunto ao adolescente mais velho. — E apagar todas as luzes?

— Você vai dormir? — Ele está incrédulo. A melhor parte do seu dia é entre meio-dia e meia-noite; ele ainda é jovem a ponto de dormir cedo ser considerado uma punição, e não um prazer.

— Vou, sim. — Levo uma xícara de chá de ervas comigo e pego algo no escritório para ler, onde a pilha de livros não lidos vai ficando cada vez mais alta. Sento brevemente à escrivaninha, onde escrevo minha lista de afazeres para o dia seguinte. Se eu não fizer a lista, ela vai se escrever na minha cabeça assim que eu fechar os olhos, para me lembrar do quanto há a ser feito, do quanto a vida é sufocante.

Na cama, leio por meia hora, mais ou menos. No andar de baixo, os adolescentes começam a revirar os armários da cozinha, em busca do que quer que eles achem que aparece depois que o sol se põe. Mergulho nas profundezas do edredom. É maravilhosamente confortável, de uma forma extravagante, e eu sinto o bem-vindo peso nos olhos que marca a transição da vigília para o sono.

Quando acordo, sei instintivamente que não é de manhã. Há uma densidade na escuridão, um frio no ar. Tem outra coisa também: um som num dos quartos das crianças no andar de cima. Saio da cama na ponta dos pés e subo a escada em espiral, até encontrar uma fresta de luz debaixo de uma das portas. Eu a abro.

— Não está conseguindo dormir?

Bochechas molhadas de lágrimas brilham na meia-luz.

— Quer conversar?

Um movimento negativo de cabeça.

— É só que...

A frase desaparece. Eu me sento na cama e ofereço um ombro, e ficamos sentados num silêncio gentil. Penso em como aquelas noites depois que Alex morreu foram obscuras, e quanto tempo demorou para eu conseguir apagar a luz. Penso em como os soluços me viraram do avesso, e como eu achei que eles nunca acabariam.

É só que...

Porém, quando está escuro, esse "É só que..." torna-se tudo, não é mesmo? É o silêncio do quarto alimentando o ruído na nossa cabeça. São os *e se* e os *e agora?* Os *se ao menos* e os *por quê?* Preocupações que de dia parecem racionais, até risíveis, crescem na calada da noite, quando a casa está silenciosa e não tem ninguém por perto para dividí-las em partes mais fáceis de lidar, para fazer planos e oferecer abraços reconfortantes. O sono fica impossível.

Às vezes, não há solução. Nós não podemos mudar decisões feitas anos antes nem seguir por caminhos diferentes. Não podemos trazer de volta as pessoas que amamos. Nós temos que deixar o coração chorar e aceitar que dói. Temos que acreditar que de fato fica mais escuro antes de amanhecer, e que logo o céu vai estar tingido de tons de vermelho e dourado, e que a dor no nosso peito vai diminuir.

Com o passar do tempo e a atenuação do seu luto, você vai conseguir dormir melhor. Até lá, aceite que o cansaço é um sintoma comum do luto. Escute-o. Tire aquele cochilo de duas horas. Durma quando seu corpo quiser dormir. Admita que sua rotina pode ser errática e que, mesmo quando você dormir, pode ser que sinta que não dormiu.

A convenção nos manda dormir depois que o sol tiver terminado de se pôr, mas não há regras para o luto, e se você dormir melhor de tarde, encolha-se no calor do sol. Se as noites forem difíceis por serem escuras e silenciosas, experimente deixar as luzes acesas e o rádio ligado. Fique com um amigo até o pior ter passado, ou assista a séries até ser capaz de citar cada fala.

Os estágios iniciais do luto são questão de sobrevivência. Nós escolhemos um caminho pelo que sobrou da nossa vida, e leva tempo para encontrarmos o rumo de casa outra vez.

ONZE

Eu prometo que você vai encontrar alguém que entende

Em todos os anos desde que Alex morreu, meus momentos mais solitários foram quando eu estava cercada de gente. Nessas horas, senti o contraste mais intenso entre a vida das outras pessoas e a minha, e senti a pressão de manter meu luto guardado, porque não é a hora certa ou porque as pessoas não entenderiam.

Quando o irmão gêmeo de Alex tinha três anos, fizemos uma festa. Alugamos um salão e fizemos jogos, montamos uma mesa com sanduíches e um bolo. Não era a primeira festa de aniversário dele, mas foi a primeira em que reparei uma mudança. Convidamos amigos que não nos conheciam quando Alex morreu, que conheciam nossa perda como história, e não como algo vivido na convivência, e não passou sequer pela cabeça deles que eu talvez achasse aquele dia difícil.

Brinquei com as crianças e distribuí balões, o tempo todo com a sensação de que eu estava do lado de fora, assistindo à vida de outra pessoa. Eu queria lamentar meu bebê no dia em que o tinha dado à luz. Queria olhar fotografias e tocar na mecha de cabelo dele. Queria me lembrar do cheiro dele, do peso dele nos meus braços. Queria chorar.

Entretanto, eu tinha feito um bolo e embrulhado lembrancinhas. Agora, estava acendendo velas e cantando "Parabéns pra você" com um sorriso de orelha a orelha, determinada a dar ao meu filho o melhor aniversário que ele pudesse ter. Eu estava fazendo o dia girar em torno dele, como ele merecia, e todo mundo na festa estava fazendo o mesmo.

Por dentro, eu estava em pedaços.

Quando nossos convidados estavam indo embora com os filhos cansados e entupidos de chocolate, uma das mães me deu um abraço.

— Um dia agridoce, imagino — disse ela. — Mas pelo menos você tem o irmão dele.

Se ao menos ela pudesse ter parado no agridoce. As pessoas têm uma compulsão peculiar de mitigar o horrível com algo animador e, apesar das melhores intenções, muitas vezes erram a mão. Acho que é mais fácil pôr um band-aid para acalmar do que se sentar e dizer *uma coisa horrível aconteceu com você. Como você se sente? O que eu posso fazer para tornar isso menos horrível?*.

O ônibus está atrasado, mas pelo menos não está chovendo.

Seu filho morreu, mas pelo menos você tem outro.

— Graças a Deus! — Tive vontade de dizer, erguendo os braços num aleluia. — Eu tenho três, então tenho de sobra caso eu seja descuidada e perca outro. Ufa!

Eu não falei isso, lógico. Eu disse *sim, eu tenho muita sorte*, e tenho, tenho sorte, mas ter outros filhos não faz ficar tudo bem quando um morre. Por toda a vida, nós amamos muitas pessoas, e a perda de cada uma é triste à sua maneira.

Acrescentei uma marca na lista de clichês que tinha na parte de trás do meu diário, o que pareceu uma resposta mais socialmente aceita do que gritar. O lápis estava apertado na minha mão; o grafite partiu no papel; uma marca para cada porta-voz de uma banalidade bem-intencionada.

De certa forma, deve ser mais fácil por ele ser tão novo.

Pelo menos ele não está mais sofrendo.

Foi para um lugar melhor.

Bingo. Bingo. Bingo.

Os ousados se atreveram a sugerir que talvez tivesse sido *melhor* assim, como se tivessem tido uma visão do futuro do meu filho e considerado que era uma perspectiva menos atraente do que a morte. Eles disseram *poderia ter sido pior*, e *a vida continua*, e *não faz sentido ficar pensando no que poderia ter sido*. O dicionário de condolências que as pessoas estavam consultando precisava ser reescrito. Ouvi uma vez atrás da outra que *o sofrimento de Alex terminou*, que *tudo acontece por um motivo* e que *o que não nos mata nos fortalece*.

Cartela de bingo completa.

Muitas dessas banalidades não são só dolorosas como também equivocadas. Nossos entes queridos não *foram para um lugar melhor*; o melhor lugar era aqui, do nosso lado, e, se o mundo não era um lugar feliz para eles, o mundo que deveria ter mudado. É óbvio que não queríamos que nossos bebês, nossos pais, nossos irmãos, nossos amigos sofressem, mas também não queríamos que morressem.

As banalidades me custaram amizades. Não houve um rompimento dramático, mas o luto (e as formas que os outros reagem a ele) pode nos fazer sentir coisas diferentes pelas pessoas. A vida é muito curta, nós percebemos, para a passarmos com quem não nos faz sentir bem, ou com quem minimiza nossa dor para aliviar o incômodo deles.

— Pare com isso — dizia uma das minhas amigas quando eu estava mal. — Vamos falar de coisas menos deprimentes.

Bem, isso seria ótimo, não seria? Mudar nossa cabeça para não chorarmos mais por dentro, mesmo quando estamos sorrindo. Apagar a tristeza do nosso coração e substituir por gatinhos e unicórnios. Essa não é a nossa realidade. A nossa realidade é uma dor que vai nos acompanhar para sempre. A dor é uma doença crônica debilitante, com sintomas que vêm e vão. Não pode ser curada, só gerenciada.

Quando as pessoas tentam mudar de assunto, quase nunca é uma tentativa genuína de nos alegrar. Porque a dor é um assunto incômodo de se conversar. Tedioso para alguns. Desagradável para muitos. No entanto, isso não é problema nosso, é dos outros. As pessoas acham que nós *gostamos* de sentir isso? Daríamos qualquer coisa para estar livre do luto. Adoraríamos não ter perdido nossos entes queridos ou (porque a morte é inevitável) ter feito as pazes com a perda, para não sermos mais consumidos pela dor, pela culpa e pela saudade. É incômodo para nós também. E desagradável. E tem algo mais tedioso do que viver uma vida tão simples, tão triste, tão abalada pela dor? O incômodo das outras pessoas não é nada se comparado ao nosso.

Contudo, nós *precisamos* falar das nossas experiências. Falar sobre as nossas emoções nos ajuda a processá-las; falar sobre nossos entes queridos nos ajuda a mantê-los vivos no nosso coração.

— Encontre um bom terapeuta — aconselhou o médico quando Alex morreu, e eu logo encontrei uma com duas poltronas de couro no centro da sala. Ficavam posicionadas a um leve ângulo uma da outra, supostamente para fazer a situação parecer menos um confronto, mas eu ainda me sentia incomodada. A terapeuta fazia longos silêncios depois de cada resposta minha, esperando que eu o preenchesse. É um truque antigo (um que usei inúmeras vezes em entrevistas com suspeitos), e reconhecê-lo fez com que parecesse condescendente. Eu deixava as pausas se prolongarem até ela não ter alternativa além de fazer outra pergunta. Eu sentia instintivamente que ela não entendia, não conseguia, então me agarrei aos meus pensamentos e às minhas emoções, como se entregá-los fosse aceitar a derrota. As perguntas da terapeuta pareciam desafios, e não convites, e, em vez de me abrir, eu me fechei. Desconfio que ela tenha ficado aliviada quando parei de ir depois de três sessões.

A terapia era um desperdício de tempo e dinheiro, concluí. Eu não fiquei surpresa com essa conclusão: os estágios iniciais do luto parecem tão permanentes que é impossível imaginar um momento em que não vamos ser sufocados por ele. Como conversar poderia ajudar? Como qualquer coisa poderia ajudar?

— Você já tentou pilates? — perguntou uma amiga quando mencionei que estava tendo dificuldade com as coisas. *Eu não paro de chorar*, eu dissera. *O tempo todo. Sem motivo*. Ela já tinha sugerido que eu me matriculasse num curso de culinária e me voluntariasse em uma central de suporte telefônico, além de ter me enviado vários artigos sobre luto. Ela solucionava problemas. Há ocasiões em que solucionadores são úteis, mas não havia solução para mim. Não naquele momento. O que eu precisava era de alguém que ouvisse. Alguém que entendesse. Alguém que ouvisse as minhas palavras e se agarrasse a elas por um tempo, reconhecendo a importância delas, o fundamento. Alguém que não fosse tentar analisar ou contradizer o que eu dissesse, oferecer conselho ou sugerir soluções. Os melhores amigos são aqueles que perguntam o que podem fazer para ajudar, como fariam se você estivesse sofrendo de dor física crônica. *Está precisando da cadeira de rodas hoje? Do meu braço? Eu estou aqui ao seu lado*.

Minha solucionadora não era uma amiga ruim, só era o tipo errado de amiga para aquele momento do meu luto. Da mesma forma, apesar de eu não ter visto assim na época, provavelmente não havia nada de errado com a terapeuta que me atendeu, mas ela tinha sido inadequada para mim naquele momento específico. Eu não estava pronta para solucionar nada.

Quando falamos sobre a jornada pelo luto, é importante lembrar que nem todo mundo percorre o mesmo caminho ou se desloca no mesmo ritmo. Você pode ter amado sua mãe tão profundamente quanto sua irmã amava, mas seu luto é tão único quanto era seu amor por ela. Não mais, não menos, só diferente, e você e seu irmão ou sua irmã vão precisar de diferentes tipos de apoio. Tente não comparar seu luto nem a sua recuperação aos de mais ninguém.

É da natureza humana procurar experiências parecidas. Incorporamos isso aos algoritmos, que predizem *se você gostou daquilo, vai gostar disso...*

Gostou da viagem a Portugal? Ah, você precisa conhecer a Croácia! Você vai amar.

Você teve herpes zóster? Coitadinho. Eu tive uma vez e tive que ser internada.

Não é legal fazer isso com o luto.

Ninguém *além de você* sabe como você se sente. A sua experiência pertence a você, assim como o seu luto, mesmo se a pessoa que você amava fosse amada por outras pessoas. Se cinco pessoas fossem largadas no meio do mar, elas não se virariam do mesmo jeito. Uma saberia nadar bem; a outra lidaria melhor com as temperaturas geladas. Uma entraria em pânico; uma talvez nadasse bem por um tempo e depois se cansasse. Cada uma teria uma relação diferente com a água, uma reação diferente à crise. Estou compartilhando meu caminho pelo luto com a esperança de que partes dele sejam familiares a você e que encontre consolo em saber que os primeiros dias são difíceis, mas vão ter fim.

Entretanto, eu não sei o que você está sentindo.

Depois que Alex morreu, tentei ir a um grupo de apoio oferecido por uma igreja da região. Grupos podem ser um recurso incrivelmente valioso para algumas pessoas, e, se eles ajudarem você, fico muito feliz. Se não forem a sua praia, você não está só. Eu achei o desabafo coletivo sufocante, me deixou sentindo como se tivesse sido esmagada por uma chuva de pedras. Como a terapeuta, como a amiga solucionadora, talvez só tenha sido o momento errado (ou o grupo errado), mas eu não consegui enfrentar tantas histórias de perda. Acabei encontrando apoio em conversas a sós com pessoas que estavam vivendo com o luto. Especificamente, fui atraída para pessoas que estavam na jornada havia vários anos, as quais (percebo enquanto escrevo isto) estavam onde estou agora.

Fiz amizade com uma mulher da escola dos meus filhos que tinha dado à luz um natimorto alguns anos antes de nos conhecermos. Às vezes, eu a visitava depois de levar as crianças na escola, parava na porta atormentada pelo esforço que tinha sido não desmoronar no parquinho. Sem motivo, só porque sim. Você sabe como é isso.

— Está tudo bem? — dizia ela, observando meu rosto. Eu balançava a cabeça sem dizer nada, e isso bastava. — Vou botar a chaleira no fogo.

É um alívio enorme não precisar explicar por que estamos nos sentindo assim e que não há um motivo definido para hoje ser mais difícil do que os outros dias. Nós só acordamos assim. Amigos que entendem o luto não têm pena nem fofocam sobre nós. Não precisam pisar em ovos, tentando não falar sobre a pessoa que amamos quando estamos desesperados para manter as lembranças dela vivas. Não enchem a conversa de banalidades, porque já ouviram todas elas. Eles já sentiram a pontada de raiva ao ouvirem *foi melhor assim*.

Você pode estar pensando que eu não precisava encontrar amigos com quem conversar nem terapeutas, afinal, quem poderia ser melhor para conversar do que a única pessoa que entendeu exatamente o que eu estava passando? Uma pessoa que tinha vivido a mesma experiência, cujos desespero e agonia eram iguaizinhos aos meus: meu marido.

Se eu pudesse dar um conselho sobre luto, seria o seguinte: quando você estiver se afogando, a melhor pessoa para salvar você nunca é alguém que também esteja se afogando.

— É tipo quando duas pessoas estão com gripe — disse uma das enfermeiras da UTI logo depois que Alex morreu. — Não dá pra um cuidar do outro se os dois estão doentes.

Meu marido e eu ficamos doentes por muito tempo.

Nas semanas seguintes à morte de Alex, depois que meu marido retornou ao trabalho com certa cautela, muito eventualmente eu tinha um dia bom. Nada de extraordinário acontecia, era só um dia em que eu sentia um fiapo de esperança, assim como as nuvens se abrem em um dia nublado e permitem que um raiozinho de luz passe. Eu me sentia mais leve. Mais forte. Ia até uma livraria, tomava um café. Via as pessoas tocarem a vida e não desejava ser elas. Eu estava indo bem.

Quando eu chegava em casa, meu marido estava lá, e eu sabia sem nenhum dos dois precisar falar que as nuvens tinham passado pela cabeça dele. Quase tenho vergonha de admitir que sentia vontade de sair de novo. Eu sabia que no dia seguinte, ou talvez até em poucas horas, eu estaria de volta às trevas, mas, naquele momento, conseguia sentir o calor do sol e queria muito que continuasse assim.

Pouco depois que eu saí da polícia, tentei terapia de novo. Estava dormindo mal, e meus dias eram pontuados de crises de choro que me deixavam esgotada. Fui diagnosticada com transtorno de estresse pós-traumático e encaminhada para uma terapeuta, cujo consultório ficava no alto de uma escadaria estreita. Era iluminado e arejado, mais bagunçado do que o daquela primeira terapeuta, mas com poltronas colocadas no mesmo ângulo. Isso devia estar na primeira página do manual do terapeuta.

Eu gostei dela na mesma hora. Contei tudo e, enquanto falava, percebi como eu estava melhor do que alguns dias antes. Como estava mais forte. Chorei quando revivi a decisão que tomamos, os momentos finais com nosso filho, mas consegui respirar. Fiquei ereta. Quando a terapeuta fez perguntas, ela não tentou me enganar com pausas carregadas, e talvez não tenha precisado, pois eu entreguei minhas respostas sem rodeios. Quando a sessão acabou, saí me sentindo mais leve. A terapeuta não tinha me dado nenhuma solução rápida (não há soluções rápidas para o luto), mas eu estava armada de estratégias para lidar com as ondas súbitas de luto que costumavam me pegar desprevenida. Algumas deram certo, outras, não. Os especialistas podem nos ajudar a construir uma caixa de ferramentas contra o luto, mas só nós podemos experimentar cada ferramenta para ver a que funciona.

Muitos anos depois, eu estava conversando com a minha irmã sobre os anos em que me senti isolada do mundo.

— Eu estava tão solitária — falei. — Ninguém telefonava mais. Ninguém perguntava se eu estava bem.

— Nós tentamos. — O rosto dela estava franzido de tristeza. — Nós tentamos muito, mas você não nos deixou entrar.

É verdade.

Eu não sabia na ocasião, mas agora olho para trás e consigo me lembrar das vezes em que minha família perguntou como eu estava e minha resposta foi que estava bem e de amigos que sugeriram uma visita e eu falei que estava ocupada. O luto me deixou solitária, mas acho que me tornei mais solitária ainda.

Quando a vida fica meio sufocante e o passado ameaça interromper a paz do presente, faço uma caminhada. Eu estava andando por aí um dia desses quando vi uma árvore estendida no caminho. Se você caminhar pelo bosque perto de Chipping Norton, talvez até a veja pessoalmente. Aquela árvore devia ter caído muitos, muitos anos antes: a terra até mesmo já se firmou em volta dela.

Se estivesse sozinha no meio de um campo quando tombou, ela teria caído no chão e morrido, mas essa árvore cresceu numa floresta. Estava cercada de outras árvores, algumas menores, algumas maiores, e, quando caiu, tantos anos antes, as outras árvores a seguraram. As raízes dela foram arrancadas do chão: terminações nervosas expostas e vulneráveis, frágeis e mortas, mas uma quantidade suficiente delas ainda estava na terra a ponto de mantê-la viva. Ela descansa nos braços das outras, que silenciosamente a impediram de cair no chão. Elas a salvaram. Continuam salvando.

A inclinação daquele tronco enorme é absurda. Cai pelo caminho como um bêbado determinado a se estatelar no chão. Não deveria ser possível a uma árvore cair num ângulo desses. Entretanto, lenta e cuidadosamente, ao longo dos meses e anos, os galhos aprenderam a se adaptar. Mudaram de trajetória, se viraram para cima e abriram caminho até o céu.

E, assim, a árvore cresce. Não tenta fingir normalidade. Ela está apoiada nas outras e encontra um jeito de viver, respirar e crescer.

É isso que as pessoas que nos apoiam fazem. Nós nem sempre as encontramos logo de cara, e nem sempre elas estão no lugar em que achamos que devem estar, mas prometo que elas estão por aí. Pode ser que as encontremos na família, em grupos de bairro ou no consultório de uma terapeuta. Podem ser velhos amigos ou desconhecidos. O apoio pode ser silencioso ou expresso em palavras, prático ou emocional. Nós talvez as encontremos logo, enquanto ainda estamos de pé, ou quando começamos a cair.

Seja como for, elas estão presentes para, se permitirmos, nos segurar.

DOZE

Eu prometo que você não vai sempre se abalar com a felicidade de outra pessoa

Nos últimos dias da minha carreira na polícia, eu tinha uma sala numa delegacia movimentada. Era uma caminhada de alguns minutos de lá até a cantina, e a rota que eu fazia a tornava ainda mais longa. Consumia minutos preciosos de um dia já movimentado, mas significava que eu não precisaria passar pela Fotografia.

Certo dia eu estava indo tomar café com um colega, e teria sido estranho sugerir um caminho mais comprido. A Fotografia tinha sido tirada num estúdio branco iluminado, como todas pareciam ser na época. De quinze por vinte centímetros, numa moldura inexpressiva, ela ficava numa mesa, imperando sobre pilhas de papéis e canecas de chá pela metade. Nela, os pais estavam deitados no chão. As crianças estavam equilibradas em cima deles, dando risada com a cabeça jogada para trás. Calças jeans, pés descalços, camisetas brancas lisas. Alegria transbordando em cada pixel.

Eles me provocavam, a família naquela foto. Eles me encaravam, reluzindo de tanta felicidade, de tanta união. Eu os odiava. Odiava os pais, o pré-adolescente, o filho pequeno. Odiava o bebê. Odiava a felicidade deles, o jeito de quem não tem uma preocupação na vida, as roupinhas combinando. Imaginei que a vida deles fosse uma longa fotografia estourada, que eles viviam para sempre de calça jeans e camiseta impecável, sempre rindo, sempre brincando, que não lhes pertencia a pontada aguda de luto quando eles posavam para uma foto, o braço em volta de uma criança ausente. Não pertencia a eles a sensação de culpa por trás dos momentos fugazes de felicidade, porque o luto é um ladrão que rouba a pureza até desses momentos.

Quando chegamos perto da mesa, olhei para a foto. Parecia estar exposta só para mim, virada no ângulo certo. Por que as pessoas tinham fotos da família na mesa? Elas eram tão esquecidas que precisavam de lembretes visuais? Era puro exibicionismo, isso sim. *A minha família é melhor do que a sua. Olhe como meus filhos são felizes. Veja como estão vivos.*

O dono da mesa estava me olhando com curiosidade. Eu o conhecia só a ponto de trocar um olá ao passar. Certamente não o bastante para ficar analisando as figuras de um porta-retratos como se fosse um jogo dos sete erros.

— Linda foto — consegui dizer. Mordi a bochecha por dentro até sentir gosto de sangue.

***

Há momentos no luto que descobri misericordiosamente serem breves. Outros são insidiosos e têm raízes profundas, como uma erva daninha da qual seu jardim nunca fica completamente livre, por mais que vocês as arranque. A amargura era a minha erva daninha. Eu a sentia fisicamente, uma onda quente e raivosa. Minha pele se crispava, como se eu mal conseguisse segurar o que a preenchia, como se pudesse me partir e meu azedume se espalhar.

Eu não desejava mal a ninguém, mas, ao mesmo tempo, não desejava bem. Meu ressentimento não tinha limites e, ao que parecia, tampouco lógica. Eu tinha perdido um filho, e não era surpreendente que notícias de gravidez e nascimento fossem coisas difíceis de lidar, mas (sempre querendo me exceder em tudo) eu também ficava amarga em cada casamento, formatura, novo emprego ou mudança de casa. Eu botava a felicidade das outras pessoas em proporção inversa à minha desgraça, e em alguns dias o meu estado mental estava intimamente atrelado à frequência com que eu via alguém rir. Eu só conseguia manter a sanidade se as outras pessoas também estivessem com dificuldade, se estivessem tão infelizes quanto eu.

Não sei dizer se isso é normal, não sou especialista, mas posso dizer que foi normal para mim, por muito tempo. Não é o tipo de conversa que dá para ter com facilidade com amigos (*ei, sabe quando você ganhou aquela promoção? Eu quebrei um prato e fingi que era você, haha*), e é perigosamente fácil imaginar que eu era a única que sentia isso. A experiência me ensinou que não somos tão únicos quanto achamos que somos, e, se você se reconhecer nesta página, acho que nós dois devemos alegar que é normal.

Você não vai se surpreender de saber que as redes sociais não foram minhas amigas nessa época. O Facebook é uma torrente implacável de arrogância, cheia de momentos alegres e famílias felizes. Notificações nos induzem a comemorar publicamente o Dia das Mães, o Dia dos Namorados, o Dia dos Pais. É uma plataforma feita para compartilhar felicidade, e cada vez que eu entrava nela era jogada mais fundo no poço do luto.

Fotos lindas!, eu comentava. *Parece ter sido um dia ótimo!* Os pontos de exclamação, sempre os pontos de exclamação, o entusiasmo compensando minha amargura. *Eram* fotos lindas, parecia *mesmo* um dia ótimo, e eu ficava feliz (de verdade) pela vida dos meus amigos ser tão perfeita. Contudo, lá no fundo, onde de fato importava, algo se espatifava.

Desconfio que seja mais fácil ser uma pessoa desagradável quando não se tem a menor ideia de que é desagradável. Tem pessoas que passam pela vida espalhando amargura sem nunca se darem conta de que suas palavras estão carregadas de irritação, e elas não ficam com peso na consciência porque ser horrível é o estado natural delas.

Entretanto, eu sabia que estava apodrecendo por dentro.

Se vivenciar isso, você também vai saber. Você vai olhar as fotografias de um dia feliz de um amigo (ou, se for como eu, vai procurar nas redes sociais as postagens de desconhecidos felizes só para se torturar um pouco mais) e vai sentir a necrose consumir a sua alma.

É um jeito terrível de viver, e eu fiquei assim por mais tempo do que qualquer pessoa que me conhecesse pode imaginar. Uma pessoa azeda, invejosa, desagradável. Eu odiava a felicidade das outras pessoas, mas *me* odiava mais ainda. O luto tinha despertado uma amargura que eu não sabia ser capaz de sentir, e eu não tinha ideia de como me livrar dela.

Como muitas facetas do meu luto, o processo de fazer as pazes com a sorte das outras pessoas se deu em muitas etapas. Por muito tempo, minha amargura foi indiscriminada. Eu senti o soco na barriga das conquistas de outra pessoa independentemente da relação que ela tinha com a minha vida. O sucesso de um amigo no tênis parecia um ataque pessoal, apesar de eu não ter a menor vontade de aprender a jogar. Dois amigos rindo num café me faziam sentir o ser mais solitário do mundo, apesar de eu ter escolhido passar aquele dia sozinha. Eu tinha encontrado uma editora para o meu livro de estreia, algo com que sonhava desde criança, mas eu não conseguia me livrar da inveja pela felicidade das outras pessoas. Tive que deixar de seguir uma conhecida da polícia nas redes sociais quando ela estava comemorando sua promoção, porque eu estava consumida pela amargura. Eu tinha decidido sair da polícia. Por que me ressentia de alguém que tinha ficado? Porque a pessoa tinha feito dar certo e eu não?

Pode parecer óbvio que a viagem dos sonhos de uma pessoa não tem relação com o luto de outra, mas, na minha experiência, essa é uma lição difícil de se aprender. Os humanos foram feitos para a justiça, e, quando alguém que você ama morre, o mundo perde o prumo. Por que nós? Por que *só* nós? Por que os outros deveriam voar quando estamos caindo?

Fiz o que sempre faço: fingir que está tudo bem.

Tem muita coisa errada com essa abordagem, sobretudo se ela levar, como aconteceu comigo algumas vezes, a acumular tudo dentro de si de um jeito tão ruim que você explode, mas, como princípio fundamental, há algo a ser dito a favor de fingir. No âmbito profissional, nos dizem para *nos vestir para o emprego que queremos*, por causa dos benefícios psicológicos tanto para o entrevistado quanto para o entrevistador. Da mesma forma, *a pessoa que você quer ser* não só me manteve (relativamente) feliz como também dissolveu aos poucos minha amargura.

Todos os dias, eu me obrigava a dizer algo de bom. Parabenizava amigos pelo sucesso na carreira, pela viagem de férias tão sonhada e, sim, até pelo placar nos jogos de tênis. Eu sorria para bebês, para amigos gargalhando, para famílias tomando um banho de sol. Aos poucos, a desconexão entre as minhas palavras e o que eu sentia começou a diminuir. Eu comecei a sentir o que dizia.

***

Às vezes, olho para meus primeiros dias nas redes sociais, quando as crianças eram bebês. Eu postava centenas de fotos. Elas apareceram no feed de pessoas que eu conheço bem e não tão bem, ganhando corações e comentários que gosto de fingir que não importam. Só eu sei a verdadeira história por trás dos filtros, só eu consigo lembrar como estava tomada de luto, ansiedade e depressão. Olho para uma foto tirada no zoológico, quando meu peito estava tão apertado que tive que me segurar na lateral do cercado dos pinguins para não cair, para uma foto postada de uma festa onde enfileiramos as crianças em ordem de altura, e eu só conseguia ver o garoto que não estava lá. Passo por uma década de comemorações de aniversários e Natais, de noites com as amigas quando eu só queria voltar para casa e chorar.

Em todas as fotos, estou sorrindo.

Tanta coisa pode ser escondida por um sorriso. Tomada pelo luto, é fácil esquecer que ninguém tem a vida perfeita. Ninguém tem a vida cheia de risadas do começo ao fim, ninguém tem os dias livres da dor, da preocupação e do medo. Nós tiramos fotografias em momentos felizes da vida porque precisamos preservá-los, e sabemos que vamos ter que voltar a eles nos dias em que não conseguirmos abrir um sorriso. O sorriso que colocamos na cara numa foto representa como nós *queremos* nos sentir, como queremos nos *lembrar* que sentimos, e não como nos sentimos de verdade.

Quando a felicidade de alguém tirar seu fôlego pelos motivos errados, lembre a si mesmo de que você está vendo uma única página da vida da pessoa, e não a história toda. Uma foto contém mil palavras, mas existem muitos jeitos de lê-las.

Você não é uma pessoa horrível. A amargura que está sentindo não é você de verdade. É um verniz aplicado pelo luto, e vai se dissipar aos poucos até sumir por inteiro. Seus amigos vão continuar contando as boas-novas e você vai continuar dizendo entredentes como fica feliz, como é ótimo, e o tempo todo suas entranhas vão estar ocas de dor. E aí, um dia, você vai perceber que seus dedos não estão curvados formando punhos de amargura, suas unhas não estão mais entalhando sinais de perturbação na palma das suas mãos. Você vai perceber que, quando ouviu as novidades dos seus amigos, seu primeiro pensamento não foi sobre o que você perdeu, e sim sobre o que eles ganharam.

Todas as pessoas que você já conheceu podem encontrar a felicidade, e isso não diminui suas chances de encontrá-la também.

Você sabe disso, não é?

Elas poderiam estar atoladas em luto e isso ainda assim não levaria o seu luto embora.

A felicidade não é um jogo de soma zero, ela não depende da sorte das outras pessoas.

Quando alguém morre, não é só que a alegria das outras pessoas fica difícil de aguentar, e sim que também não podemos equipará-las a nada de alegre que seja nosso. Os pequenos prazeres que podemos ter encontrado na nossa antiga vida parecem sem sentido quando colocados contra o pano de fundo de nossos lutos. A cerejeira floresceu. E daí? É só uma árvore. Uma semana de folga no trabalho? Qual é o motivo de comemoração se uma semana de folga só significa mais tempo livre para preencher de tristeza?

Você sabe o que eu vou dizer, não sabe?

Fica mais fácil.

Vai haver boas notícias de novo, algo que encha seu coração de alegria. Eu prometo. Não vai ser como antes, mas não pelos motivos que você pensa.

A diferença vai ser no jeito que você escolhe compartilhar suas novidades.

Você vai hesitar antes de pegar o telefone ou fazer uma postagem. Vai se perguntar se é a hora certa, se escolheu a pessoa certa para contar. O que está acontecendo na vida da pessoa? Sua novidade pode esperar?

A perda alimenta a amargura, mas também cria compaixão, e, quando o fogo de uma se extinguir, a outra vai permanecer. O luto não faz de você uma pessoa horrível, te torna uma pessoa gentil.

***

Apesar das minhas melhores intenções, eu nunca consegui abandonar meu hábito de usar as redes sociais. Justifico minha presença em várias plataformas dizendo que preciso delas para o trabalho, que é bom manter contato com amigos distantes. Eu percorro a minha linha do tempo de manhã com uma xícara de chá, olhando fotos de férias e arregalando os olhos para postagens que revelam que um recém-conhecido legal é, na verdade, um fascista raivoso. *Desfazer amizade.*

Uma amiga está celebrando o nascimento de um novo membro da família. Eu cheguei ao estágio em que, embora meus filhos felizmente ainda não estejam prontos para se reproduzir, meus amigos estão tendo netos, e essa bebê é a primeira de uma geração. Ela é enrugada e rosada, está aninhada nos braços da mãe, encostada numa banheira inflável de parto, exausta e eufórica. Foi um parto em casa, pelo que eu li, em algumas poucas horas. Uma parteira tranquila, óleos essenciais, música tocando. Uma bela experiência, diz a postagem. Penso brevemente nos meus partos traumáticos: a urgência, as salas lotadas, luzes de teto passando enquanto médicos empurravam minha maca para a sala de cirurgia. No entanto, não há conexão entre as duas coisas. Escrevo uma mensagem: *Ela é linda, parabéns! Que bom que eles tiveram o parto que desejavam*. E falo com sinceridade.

Vou até o Twitter para uma dose final antes de terminar meu chá. Ali, a minha timeline é menos pessoal e mais profissional: escritores e editores, leitores e críticos. Uma autora que conheço bem ganhou um prêmio, para o qual eu nem fui considerada, menos ainda indicada. Leio a postagem empolgada dela e espero o ardor da inveja antes onipresente.

Percebo que estou de testa franzida.

Lá vem. Como um velho amigo.

Nunca disse que eu era perfeita...

TREZE

Eu prometo que você não vai sempre ficar arrasado em aniversários

O CAMINHO ATÉ O PRIMEIRO ANIVERSÁRIO, em 10 de dezembro, começou em setembro. Quando as folhas do outono caíram, senti como se qualquer progresso que ocorrera nos meses anteriores tivesse regredido. Ali estava eu, de volta ao começo: tomada de um desespero sem precedentes. Na *Bonfire Night*,* dia 5 de novembro, aniversário dos gêmeos, eu já não queria sair de casa. O aniversário da morte se aproximava, tão sólido e opressivo quanto uma cadeia de montanhas que eu não tinha esperança de atravessar.

No dia propriamente dito, visitamos o túmulo de Alex. Eu estava grávida de seis meses e uma pilha de hormônios. Em retrospecto, vejo que foi a coisa errada a se fazer. Achei traumático e nada reconfortante, mas acho que pode levar um tempo para entender como queremos passar essas datas

* A *Bonfire Night* é uma festividade inglesa que comemora a sobrevivência do rei Jaime I ao atentado planejado pelo soldado Guy Fawkes, cujo objetivo era explodir o Parlamento do Reino Unido e matar o rei. Em geral, comemora-se com fogos de artifício e uma grande fogueira. (N. T.)

importantes. Fiquei feliz quando acabou. Acordei no dia seguinte com uma sensação imensa de alívio.

Esse padrão, o medo crescente ao longo do outono e o alívio quando o dia 10 de dezembro passava, continuou por alguns anos. Eu sempre tirei folga do trabalho na data do aniversário de morte de Alex. Era tanto uma proteção contra os outros quanto de mim mesma, por saber que a menor coisa poderia me levar além do limite. Eu tinha medo de reagir a um comentário acidentalmente desagradável com lágrimas ou raiva, ou com um comentário ainda pior da minha parte.

Queria poder ter uma folga maior do trabalho: de 05 de novembro a 10 de dezembro. Aquelas cinco semanas entre o aniversário de nascimento de Alex e o dia de sua morte pareciam um limbo, do mesmo jeito que ele tinha vivido numa espécie de limbo quando estava vivo. "Neste horário, quatro anos atrás", eu pensava, "ele estava vivo." Eu não conseguia descansar, como se pudesse impedir o que vinha depois se me esforçasse o bastante. Todos os anos, eu segurava as pontas até o dia 5 de novembro. A data não era só aniversário de Alex, como também, lógico, do irmão gêmeo dele, e nada podia lançar uma sombra naquela comemoração. O espectro não visitaria aquela festa.

Contudo, depois...

Quando os papéis de presente eram jogados fora, as velas, apagadas e o bolo, degustado... "Agora", eu pensava. "As cinco semanas torturantes começam agora."

Os dias seguintes eram insuportáveis. Ao longo do restante do ano, o intervalo entre os dias ruins tinha ficado consideravelmente mais longo com o tempo, até que o luto não era mais a paisagem dos meus dias, e sim uma cortina, meio que puxada para o lado. Entretanto, nas cinco semanas entre 5 de novembro e 10 de dezembro, o luto me envolvia com toda a intensidade dos primeiros dias. Eu não planejava nada, pois sabia que não conseguiria ver pessoas, que estaria simplesmente implorando que cada dia passasse, desesperada para chegar em 11 de dezembro. Não havia lógica para o meu medo daquelas semanas; mas o luto costuma mesmo ser ilógico.

Há muitas pessoas na minha vida que se lembram da data da morte de Alex. Menos agora, talvez, do que no começo, mas isso é de esperar. As ondas ficam menores quanto mais longe estão da pedra. Ainda assim, todo 10 de dezembro, eu recebo mensagens.

Pensando em você.

Te amo.

Espero que você esteja bem.

Uma amiga, que não chegou a conhecer Alex, mas que conhece muito bem a dor de perder um filho, manda uma mensagem todos os anos, sem falta. Espero que ela saiba quanto é importante para mim.

***

Cinco anos depois que Alex tinha morrido, estávamos no meio de novembro, e percebi uma coisa extraordinária. Eu me sentia bem. Não estava chorosa nem deprimida, não estava zangada nem desesperada. Só... normal. "Eu venci", pensei, o que deveria ter sido o primeiro alarme. O luto não é algo contra o que possamos lutar. Quando amigos próximos perguntavam como eu estava, minha resposta era: *eu estou ótima!*

— Acho que vou ficar bem este ano — falei, me referindo ao aniversário da morte de Alex. Eu sabia que a expectativa sempre era mais difícil do que o dia em si.

— Quer que eu tire o dia de folga? — perguntou meu marido.

Eu sorri.

— Não, vou ficar bem. — Eu estava orgulhosa de mim. Aliviada porque o horror tinha passado.

No dia 10 de dezembro, acordei com uma sensação de peso no estômago, como se estivesse querendo pegar uma virose. Levei as crianças à escola. Eu me sentia distanciada de tudo, como se estivesse sentada no fundo de uma piscina. Quando voltei para casa, minha respiração estava acelerada, e me encolhi em posição fetal no canto da sala, precisando ficar encostada no máximo de superfícies possível. Comecei a chorar e não conseguia parar, com soluços que sacudiram meu corpo inteiro e me deixaram com dificuldade para respirar.

Duas horas depois, eu ainda estava ali. Meus olhos tinham inchado tanto que estavam quase fechados, e meu nariz estava tão entupido que nem adiantava assoar. Ao engolir, cliques estranhos soavam nos meus ouvidos. Não há nada de glamouroso no luto.

Como você está? A mensagem de uma amiga. Eu estava olhando fotos de Alex, me repreendendo de novo por não ter tirado mais. Por que eu só tinha uma foto o segurando? E nenhuma minha com os meus dois meninos? Por que nós sempre achamos que vamos ter mais tempo?

Bem..., comecei a digitar, mas parei. *Não muito bem, na verdade.*

Quer que eu vá até aí?

Não respondi. Nunca fui boa em aceitar ajuda, e isso... isso era patético, não era? Chorar e gritar, anos depois de ele ter morrido, quando nenhuma dessas duas coisas o traria de volta a mim nem me deixaria melhor. De que adiantaria ter companhia? Nada que uma amiga pudesse fazer me ajudaria.

Ela foi mesmo assim. Bateu com delicadeza na porta e me envolveu num abraço, fingindo não notar que eu tinha molhado o ombro dela com meu rosto encharcado. Ela botou flores novas num vaso e abriu uma barra de chocolate enorme, enquanto eu lavava o rosto com água fria e assoava o nariz sem parar.

Quando o chá ficou pronto, nós nos sentamos à mesa da cozinha. Ela contou uma fofoca das boas e me atualizou sobre o que estava fazendo no trabalho. Olhamos as casas à venda na cidade e discutimos se uma cozinha maior era melhor do que ter garagem.

Não falamos sobre Alex em momento algum.

Essa é a coisa engraçada do luto: às vezes você precisa conversar e às vezes só precisa que alguém entenda. Alguém que ande ao seu lado, esperando a sua deixa. Quando lembro de todos os 10 de dezembro que tive desde que Alex morreu, é nessas pessoas que mais penso. A amiga que me deu uma rosa amarela para plantar, para que todos os anos me desse consolo. As pessoas que lembram, junto dos parabéns ao meu filho em crescimento, de que também aquele era o dia do irmão dele.

Esses dias difíceis, os que podemos prever, os marcados no calendário, vão além da data em que seu ente querido morreu. Eles incluem aniversários, Natais, aniversários de casamento e datas de primeiros beijos. Todo setembro, eu paro de olhar as redes sociais até as fotos de volta às aulas acabarem. Não importa que eu tenha três filhos de uniforme escolar, sempre vou me lembrar do que não viveu para usar um.

Sim, todo setembro, sem falta. Mesmo agora. Eu prometi que seria sincera, e, apesar de dizer repetidas vezes que os anos vão curar você, toda ferida deixa uma cicatriz. Eu sei que o outono não anuncia mais uma sensação de medo e que o Natal voltou a ser uma ocasião especial, mas também sei em quais datas no futuro eu vou me recolher a um quarto silencioso para chorar pelo meu menino. No 18º aniversário dele. No 21º, devido à maioridade legal. No êxodo escolar para a universidade, alunos carregando torradeiras e edredons. Enquanto escrevo isto e penso nesses marcos, estou chorando de um jeito que raramente faço agora. É tudo tão injusto, não é? A dor que aprendemos a carregar tão bem, e por tanto tempo, às vezes precisa sair.

Os aniversários são muito, muito difíceis. Podem ser lembretes cruéis de mais um ano passado em luto, mais um ano que não passamos com a pessoa que amávamos tanto. Eles podem nos fazer sentir como se estivéssemos num trem, indo para longe de alguém que não queríamos deixar para trás, aterrorizados com o momento em que aquele pontinho ao longe vai desaparecer completamente. *Não acredito que já se passaram três anos*, as pessoas dizem. *Cinco anos. Sete. Quinze*. Elas (e nós) perderam tanto.

Por mais difíceis que sejam os aniversários, eles são uma parte importante do nosso processo de luto. Chega uma época em que passamos da fase aguda de sofrimento e começamos a levar a vida de uma forma mais normal, mas não paramos de sentir a dor do luto. Os aniversários permitem que nosso luto emerja à superfície e que libertemos um pouco da tensão que talvez não saibamos que estamos carregando. Eles nos dão permissão de nos concentrar no nosso luto e são uma desculpa socialmente aceitável para ficar triste. Nós podemos dizer às pessoas: *Estou tendo uma semana bem difícil. Talvez seja por causa do aniversário de setenta anos da minha mãe*. E elas vão saber que precisam nos dar espaço.

A dor aguda dos aniversários vai atenuar. Você pode marcá-los do jeito que parecer certo para você e pelo tempo que precisar ou quiser. Se o que você precisar for ficar em casa e chorar, olhar fotos ou ver seu vídeo de casamento repetidas vezes, faça isso. Para muitos de nós, os aniversários são quando nos sentimos mais conectados à nossa dor, mas também está tudo bem se você preferir não dar atenção a eles, fazer com que seja só mais um dia.

Com o tempo, cada aniversário se torna não um marcador de quanto tempo tem que vocês estão separados, e sim uma medida de até onde você chegou. Do quanto tem sido forte.

Algumas pessoas tiram consolo de transformar esses momentos essenciais, sejam aniversários, seja qualquer outra data significativa, em algo bom. Eu acho que isso não pode ser forçado, e você não deve botar pressão em si mesmo para comemorar a vida de alguém quando ainda está lutando para lidar com a morte dessa pessoa, mas talvez você consiga pensar em outros jeitos de dar um pouco de cor a esses dias difíceis. Uma amiga minha marca o aniversário de casamento dos pais falecidos usando o lindo conjunto de chá de porcelana deles; uma outra faz o bolo favorito do marido. Você pode sair para caminhar, acender uma vela ou almoçar fora. Meu único conselho é: não crie tradições que não possam ser sustentadas. Reunir toda a família no aniversário do pai é maravilhoso até que alguém não consiga ir e o dia se torne mais uma perda em vez de uma comemoração.

No ano seguinte àquele começo falso e horrível, quando eu achei que tinha superado (como se algum dia superássemos), decidi que precisava de uma distração. Algo suave, mas significativo; tranquilo, mas não silencioso. Meu marido estaria em casa, mas eu não conseguia suportar a ideia de sair para almoçar, de ver a dor nos olhos dele que eu sabia ser um espelho da minha, de tentar estabelecer uma conversa quando só tínhamos vontade de dizer *Por quê? Por que isso aconteceu? Por que ainda dói tanto?*

— Nós vamos decorar a árvore — anunciei no café da manhã. As lojas estavam lotadas de artigos natalinos e enfeites extravagantes, e placas enormes à beira das estradas nos orientavam: *Encomende seu peru!* e *Escolha sua árvore!*

— Faltam duas semanas para o Natal — disse meu marido.

A relutância dele de montar a árvore cedo era culpa minha; e isso era, por sua vez, o legado de tradições de infância. Os enfeites só eram colocados no dia 16 de dezembro, o dia seguinte ao aniversário da minha irmã mais nova.

— Eu queria muito montar hoje — falei. — No dia do Alex.

Era assim que estava anotado na minha agenda, para o caso de eu esquecer e marcar algo difícil ou emotivo ou insultante de tão mundano. *O dia do Alex.*

Eu gostaria de dizer que dirigimos para montanhas cobertas de neve e ficamos de mãos dadas enquanto andávamos por uma floresta alpina. Que aqueci as mãos em uma caneca de chocolate quente enquanto meu marido derrubava com um machado a árvore que escolhemos. Que minhas luvas combinavam com meu gorro e que rimos enquanto tentávamos amarrar a árvore em cima do nosso carro comicamente pequeno.

A verdade é que fomos para a loja de jardinagem. Acho que tivemos uma discussão (*que tamanho é grande demais?*). Nós dirigimos para casa com a árvore espremida no nosso carro (pequeno demais) e passamos o dia inteiro tentando colocá-la de pé e nos perguntando se ainda restaria alguma folha no Natal, considerando a quantidade que já havia no tapete.

Naquela noite, quando as crianças tinham jantado e estavam de pijama, as janelas fechadas para nos proteger do frio, nós cinco decoramos a árvore. O King's College Choir cantou as músicas que meu pai sempre tocava no Natal, e segurei meu perfeccionismo em favor da bagunça de bolas mal distribuídas preferida pela maioria pequena, mas expressiva. Quando todos os enfeites e guirlandas estavam pendurados, meu marido botou nosso filho maior nos ombros para colocar a estrela lá no alto da árvore.

E é óbvio que eu pensei em Alex e que ele também deveria estar ali, e é lógico que fiquei triste. No entanto, é impossível não sentir alegria quando três crianças empolgadas estão pendurando um festão em volta do corpo e falando Aaaaaaah!!! para cada bolinha brilhante. Que sorte eu tive de estar ali para ver aquele dia.

O dia do Alex virou o dia da árvore; um dia em que toda a família faz algo junto (uma raridade agora que meus filhos estão na adolescência). Em vez de ser um dia a ser temido, passou a ser um pontinho glorioso de alegria na minha agenda. Em momentos aleatórios do ano, eu encontro algum enfeite numa loja de presentes e, quando o levo ao caixa, sinto algo que se parece mais com amor do que com perda.

É dezembro, quinze anos depois de Alex ter morrido. Nós não fomos à loja de jardinagem, porque um artigo que li no *Guardian* me convenceu de que uma árvore artificial (se usada por muitos anos) é melhor para o meio ambiente. No fundo, eu odeio essa árvore com formato perfeito. Espero que um dia a gente a arraste da garagem e descubra que foi comida por ratos, para termos que sair correndo a fim de comprar uma de verdade, que vai ficar apoiada de forma precária num janelão e vai estar desfolhada no dia 26.

Este ano, o dia da árvore é... inconveniente. Estou atrasada num livro, combinei com meu editor de entregá-lo nesse dia, e meu marido vai sair à noite. Dois dos meus filhos têm treino de rúgbi às 18h, e o terceiro vai chegar tarde da escola.

— Nós não precisamos decorar a árvore na sexta — digo. Os adolescentes estão tomando o café da manhã, e eu estou encostada no fogão, o único lugar quente da casa. — Podemos fazer no sábado.

— Você que sabe. — Minha filha dá de ombros enquanto desce do banco.

— Ou fazer uma boa parte na quinta. — Eu sempre tentei não botar pressão nos meus filhos para sentirem algo em relação à morte do irmão. O dia da árvore é importante para mim, mas não precisa ser importante para eles. — Aí — digo, começando a pensar em voz alta —, na sexta, podemos botar a estrela...

— Não. — Isso vem do gêmeo de Alex. Ele fala baixo, mas com determinação. — Tem que ser na sexta.

— Então vai ser na sexta.

Eu anoto no calendário: montar a árvore entre 16h e 18h, para qualquer membro da família que queira estar presente.

Às 15h59 da sexta, envio o livro ao meu editor e fecho o notebook. Há uma breve discussão sobre qual filme botar na televisão (*Um menino chamado Natal* vence) e uma discussão se festão é legal num estilo retrô (eu) ou ainda brega (as crianças), aí eu pego os enfeites e começamos.

Foi meu dia da árvore favorito até agora. Os adolescentes vêm e vão, abandonam a árvore por conversas aparentemente hilariantes no celular antes de voltarem para rearrumar minha decoração para algo mais *estético*. Meu marido fez uma panela de vinho quente com uma quantidade absurda de conhaque dentro, e me sento no sofá com um copo, a árvore pela metade, e assisto ao filme. Na mesa de centro à minha frente tem uma tigela com laranjas cheias de cravos enfiados, das quais um dos filhos tirou, inexplicavelmente, um tanto de cravos, para alinhá-los cuidadosamente na beirada da tigela. Obviamente, o compromisso deles com estética não se aplica às minhas tigelas de laranjas.

A árvore está quase pronta. Há reclamações e súplicas de que *ainda não parece Natal*, e eu abro a caixa de chocolate Quality Street, o que parece funcionar.

— Só falta a estrela — digo, olhando para os pedaços de plástico-bolha e as caixas de enfeites rejeitados.

— É a minha vez.

— Não é. Você botou ano passado.

Não lembro quando começamos a nos revezar para colocar a estrela, e eu nunca lembro quem foi no ano anterior, mas as crianças sempre lembram. Este ano, parece que é a vez do nosso segundo, vinte minutos mais novo do que Alex, que está grande demais para subir nos ombros do pai. Ele sobe num banquinho, e eu abraço as pernas dele para que não caia.

Depois que guardei todas as caixas e o filme terminou, ele e eu admiramos a árvore, as luzes piscando e a estrela (meio torta). Ele está da minha altura agora (*mais alto*, diz ele, apesar de eu continuar contestando), e, por um segundo, sinto o irmão dele parado ao nosso lado. Quinze anos do dia em que Alex morreu. Como isso foi acontecer?

— Feliz dia da árvore — digo. Aos meus dois meninos.

CATORZE

Eu prometo que você não vai sempre se atormentar com perguntas que não consegue responder

— QUANTOS FILHOS VOCÊ TEM?

A pergunta veio bem depois do meu coração ter se partido, muito antes de cicatrizar. Eu estava no parquinho, uma brisa quente de verão soprando o cabelo nos meus olhos e a falação das crianças saindo pelas janelas das salas de aula. Lutei contra a vontade de sair correndo. Eu já tinha deixado a pergunta sem resposta por tempo demais, e agora a mulher, uma mãe nova na escola, estava me olhando de um jeito estranho. Afinal, quem não sabe quantos filhos tem? Em cinco minutos, três crianças sairiam da sala de aula e correriam até mim, me entregando penas e purpurina e sapatos, e isso seria uma espécie de resposta. Contudo, cinco minutos é muito tempo para esperar uma resposta, e a mulher inclinou a cabeça para um lado. Ela estava perplexa com o meu silêncio, com o jeito como a minha boca não conseguia formar palavra nenhuma.

— Quantos? — perguntou ela de novo, achando que eu não tinha ouvido a pergunta. Eu deveria mudar de assunto enquanto ainda tinha chance: oferecer minha opinião sobre o escorregador novo, sobre a reunião de pais e mestres, sobre o aquecimento global. Só que dessa vez ela tinha falado mais alto, e agora eu tinha que responder, mas algumas perguntas pedem uma resposta que não pode ser encontrada.

Eu tive dois filhos.

Um morreu.

Então tive mais dois.

Isso dava quanto? Parecia uma charada macabra, uma questão de matemática para desafiar o coração, e não a cabeça. Declarar que eu tinha três filhos parecia deixar de lado meu primogênito, mas alegar que eu tinha quatro era abrir a porta para perguntas confusas, mais difíceis. Ambas as respostas pareciam mentiras.

As portas da sala de aula se abriram, e os auxiliares liberaram o fluxo de crianças para os pais que aguardavam.

— Aqui estão os meus! — falei com alegria, com um sorriso que não combinava, e me agachei para pegar os trabalhos de artes e as mochilas e dar abraços.

Ali estava a resposta dela. Três filhos. Três, quando deveria haver quatro.

Não me faça dizer.

Houve ocasiões ao longo dos últimos dezoito anos em que fiquei menos hesitante com as minhas respostas. Mesmo quando eu sabia que geraria confusão ou incomodaria a pessoa com quem eu estava falando, ia em frente.

— Tecnicamente, quatro — já falei, em tom seco. — Mas um morreu.

É um jeito cruel de responder a uma pergunta protocolar. Transforma a conversa sobre trivialidades em uma conversa sobre uma coisa importante sem nem um aviso de gatilho, mas por que nós não deveríamos ser sinceros? Por que nós *não somos* sinceros?

Como foi seu fim de semana?

Foi ótimo, obrigada.

Foi mesmo? Ou você o passou empacotando os pertences da sua falecida mãe? Escolhendo uma lápide para sua esposa? Escrevendo o roteiro da missa de falecimento de um amigo que você daria qualquer coisa para ver de novo?

Foi difícil, nós deveríamos dizer. *Eu estou de luto e agora estou passando por um momento muito difícil.*

Se isso for difícil para alguém ouvir, acho que temos que nos perguntar de quem é esse problema. Alerta de spoiler: não é nosso. Se nos preocuparmos demais com a forma como as pessoas vão reagir, corremos o risco de não dizer nada. Se ficarmos em silêncio, vamos perpetuar o estigma em torno da morte e deixá-la trancada no porão quando, pelo bem da saúde mental coletiva, deveríamos estar falando sobre ela de forma tão aberta quanto falamos sobre nascimentos.

Ao não fazer referência ao nosso luto, nós também podemos estar subestimando as pessoas que têm interesse em nós a ponto de perguntarem como estamos. Eu ainda estava na polícia quando um colega com quem eu não trabalhava havia muito tempo perguntou se eu tinha planos para o fim de semana. Respondi que era o aniversário de quatro anos do meu filho e que nós estávamos planejando ir a um parque.

Ele sorriu.

— Parece que vai ser legal.

— Sim — falei, e percebi que continuei falando. — É um dia complicado, porque ele era gêmeo, entende, só que o irmão dele morreu. Eu sempre tenho dificuldade.

Ele nem hesitou.

— Sinto muito. Seu filho se lembra dele?

Era algo que eu mesma me perguntava. Eu o observei quando bebê, encolhido na imagem de ultrassom que ainda carregava na bolsa e me perguntei se ele sentia a ausência do irmão gêmeo. Se ele sabia que sua forma arredondada era uma apóstrofe agora, e não aspas.

— Não sei — falei.

Meu colega ficou pensativo.

— Imagino que sim, em algum nível. E isso é legal, você não acha?

Eu achava. Levei a conversa para casa e me senti reconfortada por todo o fim de semana, tanto pelo sentimento quanto pelo encontro com alguém que não tinha se acovardado ao ouvir uma menção à morte.

As pessoas podem nos surpreender.

***

A tranquilidade com que falo sobre Alex vem e vai ao longo dos anos. O jeito como eu falo sobre ele hoje vai ser diferente de como vou falar amanhã, porque o luto é um rio que não para de correr e pode transbordar da noite para o dia.

Hoje em dia, guio as conversas para que não me chateiem nem irritem, e (por eu ser mais gentil agora do que no começo do luto) para que não incomodem as outras pessoas. Um ponto-final depois de *meu filho morreu* deixa um silêncio no qual as palavras erradas podem facilmente cair, então, com a tranquilidade de um político, faço a fala prosseguir para um terreno mais firme, onde eu não seja perturbada por uma pergunta difícil ou irritada por uma banalidade. As pessoas não leem mentes, e nós temos que sinalizar o rumo que queremos que a conversa siga. Nós podemos mudar de assunto, manter a conversa leve ou pedir apoio.

Meu filho morreu e foi um momento horrível, mas eu estou bem na maior parte do tempo agora. Você soube do fechamento do hospital? Uma notícia péssima. Acho que tem um abaixo-assinado...

Meu filho morreu e está sendo difícil hoje. É bom tirar minha cabeça disso. Me conte algo interessante.

Meu filho morreu e estou precisando de um amigo. Traga os lencinhos.

Quando meu pai morreu, me vi sem palavras de novo. *Meus pais* eram uma entidade linguística impossível de separar, e essa nova linguagem me fez tropeçar várias vezes. *Ah, sim, meus pais moram lá*, eu dizia, e o erro era como sentir uma agulha enfiada no coração.

Minha mãe mora lá. Só a minha mãe agora.

Eu sempre soube do poder das palavras, mas agora as sentia de um jeito novo e visceral.

Existe um momento em que você percebe que precisa se referir ao seu ente querido no passado em vez de presente. Parece traição, não é mesmo? E, mais do que isso, parece impossível, porque ele ainda está lá, dentro de nós, ao nosso redor.

Eu treinei uma resposta para a pergunta *Onde seus pais moram?* até não hesitar mais. Assim como direcionava as conversas sobre Alex, passei a direcionar as conversas sobre os meus pais dependendo de como eu estava me sentindo, ou se importava mesmo que a outra pessoa soubesse que meu pai tinha morrido. Se você estiver pensando *isso parece consumir um tempo absurdo*, garanto que não. É uma decisão rápida e segura, assim como você sabe quando pode atravessar uma rua.

As perguntas que são difíceis para mim de responder podem não ser difíceis para você. Para você, talvez seja *você tem irmãos?* ou *seus filhos vêm passar o Natal?* Talvez tenha a ver com um lugar ou uma data: *Você fez algo legal no Dia dos Pais?*

Se houver uma pergunta que você teme e se questiona como responder sem desmoronar, experimente treinar as respostas. Assuma o controle. Responda de coração ou com a cabeça. Dê uma resposta sincera ou desvie da pergunta.

Se sua parceira morreu e a aproximação do Dia dos Namorados maltrata seu coração, imagine alguém perguntando se você vai fazer algo legal. Se perguntarem, você pode revirar seus neurônios em busca de respostas ensaiadas e usar a que parecer certa para aquela pessoa naquele momento. Sua história é sua, e só sua, e você pode revelar o tanto que quiser.

Não tem a menor chance! Não passa de uma baboseira comercial!

Ou: *Eu ainda não pensei nisso.*

Ou: *Minha esposa faleceu seis meses atrás e estou com medo desse dia.*

A narrativa é sua. A escolha é sua.

Se você disser algo que achar estúpido (não vai ser), não se preocupe. É prerrogativa sua como enlutado fazer umas besteiras de vez em quando. Se você disser algo que deixa a outra pessoa pouco à vontade, o problema é dela, e não seu. Você não vai estar só. Houve ocasiões em que errei tanto a mão no tom que deixei conhecidos horrorizados com minha aparente indiferença. Eu fiquei tão ansiosa para evitar a solidariedade (sabendo que acabaria comigo) que grudei um sorriso no rosto e falei *Meu filho morreu*, seguido de um grito de *Mas está tudo bem! Tudo ótimo! Excelente, até! Ei, que casaco bonito. De onde é?*

Eu nunca falei que era especialista nisso...

***

Nós somos imprevisíveis no luto. Às vezes, queremos conversar; em outras ocasiões, desejamos silêncio. Às vezes, procuramos uma distração; em outras ocasiões, queremos puxar a casca da ferida do luto até sangrar de novo. O importante é lembrar que somos nós quem decidimos. Fiz vários treinamentos para falar com a imprensa, tanto como policial quanto como autora, e o conselho sempre foi idêntico: assuma o controle da sua narrativa. Nós não podemos controlar o que as outras pessoas vão dizer, mas temos total autonomia sobre nossas palavras.

A escolha é sua.

A conversa é sua.

O luto é seu.

Com o tempo, percebi que não preciso fazer acrobacias mentais com tanta frequência. Eu sei instintivamente o que dizer e como isso vai me fazer sentir, e não há muitas perguntas que consigam me abalar. Fica mais fácil, eu prometo.

Continuo não dando sempre as mesmas respostas.

Depende de com quem estou falando ou de como estou me sentindo. Se é uma conversa superficial numa festa de editora ou uma conversa tomando chá com algum amigo ou amiga recente. Em geral, quando me perguntam quantos filhos tenho, digo três. Esse é o número de pratos na mesa, de uniformes esportivos no cesto de roupa suja, de abraços na hora de dormir. Três é a resposta certa.

Entretanto, como quem está aqui é você, e sei que você vai entender, vou te dar a resposta que é mais verdadeira para mim.

Quantos filhos eu tenho?

Três em casa, quatro no coração.

QUINZE

Eu prometo que você vai ser feliz de novo

Eu estava na sala da casa dos meus sogros, e havia diferentes chás e bolos em várias mesinhas. Ao nosso redor, as crianças estavam brincando com os primos, tirando todos os trens e carros da caixa de vime de brinquedos. Todo mundo, crianças e adultos, estava sorrindo, e de repente eu não consegui mais suportar. Havia um vão tão grande entre aquela cena linda e a infelicidade profunda e enraizada que eu sentia por dentro, que precisei de todas as minhas forças para não começar a berrar. Pedi licença e subi a escada para jogar água no rosto e falar comigo mesma. Eu estava cansada de me sentir assim. Antes de Alex morrer, a felicidade para mim era a coisa mais natural do mundo, e agora ela me parecia inatingível.

Ninguém que eu conhecia chegou a dizer *você ainda não superou isso?*, mas eu estava convencida de que as pessoas queriam dizer. Cada reportagem que eu lia queria que eu "superasse" meu luto, como se fosse um rompimento adolescente do qual eu poderia sair em questão de semana, e ali estava eu, anos depois, ainda infeliz. A pressão para eu me recuperar parecia quase física.

Quando alguém que amamos morre, nós somos inundados de uma tristeza que altera nosso âmago. É como se nosso DNA tivesse sido irrevogavelmente alterado e isso impactasse na nossa capacidade de alcançar estados que vinham de maneira natural antes da nossa perda.

De todos esses estados, a felicidade sempre me pareceu o mais distante. É difícil até de imaginá-la, da mesma forma que é impossível se lembrar da onda de calor do verão quando se está com tanto frio que os dedos dos pés parecem um picolé. A felicidade é um lugar que visitamos muito tempo antes. Um lugar para o qual não conseguimos imaginar voltar, porque pertencia a uma outra vida.

A fachada da felicidade volta bem antes da felicidade em si. Nós rimos de piadas, pedimos uma rodada de bebidas, contamos fofocas do trabalho e sopramos velas de aniversário, mas por baixo só tem nosso luto. Pode parecer por muito tempo que só estamos *fingindo* estar felizes, e não só eu acho que tudo bem como também que isso pode nos ajudar a ficar *verdadeiramente* felizes. Quanto mais sorrimos, mais normal começa a parecer, mesmo que não tenhamos sorrido por muito tempo. A ciência corrobora isso: nosso cérebro não percebe a diferença entre um sorriso fingido e um real. Ambos liberam substâncias químicas que nos fazem nos sentir bem.

Às vezes, se nossa fachada estiver boa, as pessoas ao nosso redor esquecem que por baixo ainda estamos em ruínas. Vários anos depois que Alex morreu, tive um daqueles dias em que o luto me atropelou como um caminhão desgovernado. Você deve ter tido muitos momentos assim, tenho certeza, resultantes de nada específico, mas impossíveis de parar.

Em meio ao meu desespero, a campainha tocou, e eu me recompus da melhor forma que pude, mas você sabe como é isso: não dá para esconder os olhos inchados e vermelhos.

Minha amiga me olhou, estupefata:

— Ah, meu Deus, o que aconteceu?

Eu a tinha visto algumas horas antes e na maioria dos dias daquela semana. Nós tínhamos saído para beber e morremos de rir depois de beber mais gin do que devíamos.

Contei o que ela já sabia.

— Meu filho está morto.

— Eu… — Ela procurou as palavras. Talvez estivesse se perguntando se aquele dia era um aniversário, algum acontecimento marcante.

— É só um daqueles dias. — Eu sorri para minimizar o desconforto dela, como costumamos fazer.

— Eu sempre penso em como você está bem — disse ela com impotência.

E eu *estava* bem. *Estou* bem. No entanto, "estar bem" não significa que superamos a perda. Só que estamos melhor em esconder o luto. Melhor em nos proteger. Significa que ficamos mais hábeis em atuar, em desviar conversas para evitar assuntos difíceis. Significa que tomamos cuidado com os lugares que visitamos e com as coisas que fazemos, porque elas podem nos fazer lembrar, e lembrar dói. Significa que choramos mais por dentro do que por fora.

Com o tempo, o abismo entre nossa felicidade fingida e a verdadeira diminui. Nós enrolamos o luto bem apertadinho dentro de nós e a cada ano o escondemos mais, até que às vezes esquecemos que está lá. Vira uma ferida antiga que no passado deixou você de cama, mas agora só provoca dores de vez em quando, sempre que o tempo esfria ou você anda por tempo demais.

A busca da felicidade é difícil, porque significa coisas diferentes para pessoas diferentes. Por muito tempo, sempre que eu pensava em felicidade, era de um jeito abstrato e objetivo, como se eu estivesse analisando um artefato obsoleto. Eu pensava no príncipe Charles naquela famosa entrevista com Diana e na frase indiferente e arrasadora dele: "O que quer que seja o amor." Era assim que eu pensava na felicidade. *O que quer que seja a felicidade*. Eu nunca estava feliz nem infeliz. Só *estava*. Sobrevivendo, e não prosperando. O luto entorpecia meus sentidos da mesma forma que algumas drogas o fazem, minimizando minhas reações e me deixando inerte. Eu tinha tanta coisa para ficar feliz, mas tudo parecia sépia, como numa fotografia antiga, desbotada pelos anos.

Acho que ajuda tentar identificar o que a felicidade significa para você: o que exatamente estamos tentando alcançar.

Eu quero ficar feliz é amplo e impreciso. *Eu quero gostar de caminhar ao longo do rio de novo* é bem mais específico. Nós não podemos ter nosso companheiro de caminhada de volta, mas e se outro conhecido pudesse nos fazer companhia? E se levarmos o cachorro de alguém, para termos uma perspectiva diferente do nosso arredor? Às vezes, o pior obstáculo para a felicidade é o simples fato de que sentimos culpa só de pensar em ficar feliz. Lembre-se: ninguém que amou você gostaria que você fosse *infeliz*.

Quando alguém morre, nosso viés negativo é acionado, e prestamos mais atenção às coisas ruins da vida. Nós podemos favorecer o outro lado da balança ao reparar deliberadamente nas coisas boas e dizer ou fazer por querer coisas que refletem otimismo. Quando eu acordo triste, seja por um motivo óbvio, seja por causa de algo que não consigo identificar, me obrigo a tomar um banho e me vestir direito. Arrumo um motivo para ir andando para a cidade em vez de levar os cachorros para passear pelos campos, porque eu sei que preciso interagir com outros seres humanos. Compro uma coisinha qualquer. Passo um tempo conversando com o caixa. Falo *que tempo horrível, né?* para uma mulher esperando o correio abrir. Digo a alguém que adorei o guarda-chuva dele e impeço um carro de sair com um café recém-comprado esquecido no teto. Pequenas doses de dopamina, e cada uma melhora meu humor.

A felicidade não é um destino. É uma estrada comum, com descidas e subidas, pela qual seguimos de um dia para o outro e de um ano para o outro. Podemos nos ajustar às dificuldades, talvez não a todas — o importante é fazer o que estiver ao nosso alcance, por menor que seja. Podemos lembrar a nós mesmos de que temos um propósito, ao fazer nosso trabalho bem ou ajudar outra pessoa. Podemos voltar aos hobbies que nos deram alegria quando éramos crianças ou aprender uma habilidade que não tenha associação ao nosso luto. Podemos praticar o autocuidado e sentir contentamento com um banho quente ou uma comida saborosa.

A vida é curta. Você e eu aprendemos do pior jeito. Por isso, não é surpreendente que muitos de nós façamos grandes mudanças na vida depois de perder uma pessoa próxima. Eu recomendaria cautela nas decisões (sua experiência pode ser diferente, mas eu não fui capaz de avaliar da forma adequada os riscos por algum tempo depois que meu filho morreu), mas a morte pode trazer uma nova perspectiva para o jeito como queremos viver. Depois que meu pai morreu, não consegui ficar bem no trabalho. Ele era médico do sistema público de saúde, quase nunca tirava férias e trabalhava à noite e aos fins de semana. Tinha grandes planos para a aposentadoria: viajar no Expresso do Oriente, comprar um carro esportivo exótico, mas o câncer pôs fim em todos.

Se Alex e meu pai não tivessem morrido num intervalo curto entre um e outro, desconfio que eu talvez ainda fosse policial. A morte deles me obrigou a reavaliar minhas prioridades e decidir o que eu de fato queria da vida, e, apesar de largar um emprego seguro ser apavorante, o luto me tornou corajosa. Nós sobrevivemos ao impensável, não é?

Podemos fazer qualquer coisa.

Se você estiver lendo isto, desconfio que ache que a felicidade está bem distante. Pode até parecer inalcançável, como a linha de chegada de uma maratona para a qual você não treinou e que começou a fazer contra a sua vontade. Eu entendo. Encontrar alegria depois de uma perda é um processo longo e gradual. Os *se ao menos* que nos seguem (*se ao menos ele estivesse aqui*, *se ao menos ela pudesse ver isso*) tiram parte de cada momento que sabemos que deveria ser maravilhoso. Nós não podemos nos obrigar a sentir felicidade, mas podemos estar abertos a isso. Podemos reparar nas frestas da tristeza e permitir que esses espaços cresçam no seu tempo. Podemos lembrar a nós mesmos, quantas vezes forem necessárias, de que ser feliz não é uma traição.

Eu deixei esse capítulo deliberadamente para o fim do livro porque boa parte do que nos deixa felizes é influenciado pelas minhas promessas anteriores a você. Quando estiver dormindo direito, quando o choro estiver sob controle, quando você tiver aprendido a surfar as ondas, quando a raiva tiver passado, quando você tiver encontrado pessoas que entendem...

Você vai ser feliz de novo. Eu prometo.

***

Eu levei as crianças para almoçar fora. Passa pela minha cabeça, e não pela primeira vez, quanto elas têm sorte. Como são mimadas, acho, embora eu espere que elas nunca se comportem assim. Quando eu tinha a idade delas, comer fora era raro: acontecia poucas vezes por ano, em datas especiais ou como um prêmio depois de duas semanas passadas no trailer. Meu pai, muitas vezes distraído pelo trabalho, ficava por aquele breve período totalmente concentrado em nós. Engraçado, interessante, irreverente. As conversas eram desviadas pelas tangentes dele sobre a etimologia de uma palavra específica, anotada para pesquisar quando chegássemos em casa, ou por uma piada que ele não conseguia terminar de tanto que ria.

Quando a conta chegava, ele sempre fazia um olhar de surpresa cômico.

— Quanto? — perguntava ele, alto demais. Ele batia com a mão no peito e botava a língua para fora, como se os números tivessem provocado uma convulsão, e eu me encolhia na cadeira, morrendo de vergonha.

— Não! — eu suplicava, constrangida demais para olhar ao redor e ver quem poderia estar olhando, pensando que não tínhamos dinheiro e estávamos nos recusando a pagar. Aquele teatro era sofrido, elaborado e parecia infinito.

Talvez por estar pensando no meu pai, vejo um homem numa outra mesa muito parecido com ele e prendo a respiração. O mesmo cabelo ralo, os mesmos bolsos lotados no paletó. O mesmo jeito de se encostar na cadeira, sendo o centro das atenções. No entanto, ele se vira para chamar a atenção de um garçom, e a semelhança desaparece. Eu sorrio.

— O que foi? — pergunta um dos meus filhos.

— Ah, nada. Eu só estava pensando numa coisa legal. — Olho para a conta e me encosto na cadeira, perplexa. — *Quanto?*

— Não! — soam os gritos horrorizados.

Entretanto, é lógico que eu faço isso.

DEZESSEIS

Eu prometo que um dia você vai conseguir passar isso adiante

Eu estava no trabalho, lendo os muitos e-mails nos quais eu tinha sido incluída em cópia, quando reparei em um identificado como *Pessoal*. Era de um policial sênior, compartilhando em segredo que um membro da equipe tinha perdido um filho havia pouco tempo, depois de uma doença curta e inesperada. *Eu queria saber se você ficaria feliz em falar com ela*, dizia o e-mail. *Acho que a ajudaria estar em contato com alguém que saiu do outro lado*.

Cliquei em responder e deixei o cursor piscando na página vazia.

Feliz foi uma escolha ruim de palavra, refleti, de forma quase objetiva. Ninguém fica *feliz* de falar sobre a morte. Contudo, eu estava aberta a isso? Estava *disposta*?

Girei a cadeira para o canto oposto da mesa e comecei a abrir cartas para ganhar tempo. Eu tinha mesmo *saído do outro lado*? Eu ainda estava viva, o que talvez fosse qualificação suficiente, mas isso parecia um sarrafo baixo. Eu estava sobrevivendo, mas não estava prosperando.

Enquanto abria envelopes, tentei desemaranhar o nó de emoções que estava sentindo. Parte de mim se sentia afrontada pela sugestão de estar "melhor". Eu tinha vivido mais ou menos quatro anos de dor, e era inegável que tinha feito um progresso, mas, como em todas as jornadas pessoais, eu dava pelo menos um passo para trás para cada dois que dava para a frente. Meu coração doeu pela perda da colega, mas a verdade brutal foi que doeu mais pela minha.

E eu também fiquei com medo. Fiquei com medo de como me afetaria ouvir a história dela (eu mal conseguia lidar com as minhas emoções e não estava preparada para ouvir as de outra pessoa) e fiquei com medo de piorar as coisas para ela. E se eu desmoronasse? Aquela mulher estaria procurando confirmação de que conseguiria sobreviver àquilo, e ela iria querer que eu prometesse que as coisas melhorariam. Como ela se sentiria quando desse de cara com um suposto exemplo que evidentemente não estava "melhor"?

Eu respondi ao e-mail. *Desculpe, mas não sei se sou a melhor pessoa para isso.* Acrescentei uma lista de livros, sites e grupos de apoio que poderiam ajudar. Cliquei em enviar.

Meu egoísmo me deixou estupefata. Eu passei dias num mar de autodesprezo, duas vezes comecei um e-mail com *Na verdade, talvez eu possa*..., mas acabei apagando.

Eu não conseguiria, simplesmente não conseguiria.

O luto consome tudo. É por natureza egoísta, porque trata especificamente de como você se sente. É literalmente relacionado a você e à sua reação pessoal à morte de alguém importante para você. Está tudo bem se sentir assim (está tudo bem se sentir como você quiser), mas, mais do que isso, é completamente normal. A pessoa que morreu era seu mundo, e, quando seu mundo se desintegra, você só consegue pensar nele. Um náufrago não perde o sono por causa do sofrimento de ninguém além do dele mesmo.

Ao olhar para trás, vejo que praticamente marquei meu território em relação à minha perda. Não havia espaço para a perda de mais ninguém. Tive dificuldade de separar o luto do objeto de luto em si, e dar o palco para outra pessoa parecia jogar meu filho nas sombras. O pensamento era insuportável. Levei anos para perceber que ele não ficaria nas sombras, só esperaria na coxia.

Será que você reconhece esse comportamento de marcar território em você também? Sei agora que é normal. Já deixei de ver como algo negativo, um egocentrismo do qual sentia uma vergonha particular, e agora vejo como algo especial e protetor. Enquanto eu estava nessa bolha, mais nada importava. Mais nada podia me machucar. Éramos só eu, meu filho e meu luto.

No entanto, é incompatível com passar a experiência para o outro. Isso significa passar sua sabedoria, seus aprendizados. Significa chegar para o lado e abrir espaço para os sentimentos de outra pessoa. Significa se pôr por último.

Talvez isso pareça bem distante no futuro. Talvez até impossível. Eu entendo. Talvez você até tenha medo da perspectiva de pedirem sua ajuda, porque não sabe o que vai dizer nem como vai reagir. A única coisa de que tem certeza é que você não está preparado, e *tudo bem*. Mais do que bem. Este capítulo não está aqui para provocar ansiedade, e sim para preparar você. Para fazer você pensar e se equipar com ferramentas, para que veja o que há no horizonte.

A transformação de quem é apoiado para quem apoia é orgânica e ocorre quase sem você notar. Com o tempo, o *ajudaria conversar com alguém que eu conheço que passou por algo parecido?* de um amigo se torna *você pode falar com alguém que eu sei que está sofrendo com o luto?* E talvez essa mudança aconteça de modo tão natural e encaixe de maneira tão perfeita na sua jornada de luto que você nem perceba que seu papel mudou, até que um dia ergue o olhar e se dá conta de que está segurando a mão de um desconhecido aos prantos. Contudo, talvez não seja assim. Talvez seu holofote ainda esteja voltado com firmeza à sua perda e seja lá que precise ficar.

Tudo bem dizer que não.

O luto não é seu trabalho. Seu conhecimento não vem de estudos e livros, e sim de experiência vivida. Isso o torna o conhecimento mais valioso que há, mas compartilhá-lo tem um custo. Ajudar os outros significa tirar da sua reserva pessoal, da sua memória, da sua dor. Significa se abrir para mais dor criando o espaço e a empatia que você sabe por experiência própria que a outra pessoa precisa. Mesmo que nunca conte sua história, ela vai se desenrolar de modo silencioso na sua cabeça e no seu coração enquanto a pessoa contar a dela. Você vai revivê-la cena a cena, sem conseguir desligar o filme que você nem pediu para assistir.

O relacionamento entre apoiador e apoiado tem uma dinâmica bem diferente da encontrada em grupos de apoio, em que o microfone é passado de mão em mão pela sala. Como apoiador, você não vai ao palco; você absorve a emoção da pessoa que está ajudando, sem a catarse de liberar a sua, e isso por si só pode ser exaustivo; assume o papel de mentor; é encarado como uma pessoa sábia, alguém que percorreu mais o caminho do que a pessoa que você está apoiando, com conselhos e orientações ao alcance dos dedos.

Essa jornada de *apoiado* para *apoiador* não é linear. Há ocasiões em que eu me ofereço de modo voluntário como um ombro amigo, quando escuto a história de alguém e não tenho a compulsão de contar a minha. Nesses casos, a morte do meu filho vira um conceito abstrato, algo que existe no momento presente só para acrescentar credibilidade às estratégias de enfrentamento que eu sugiro com gentileza. *Talvez não funcione para você, mas eu achei que me ajudou ter um diário; ligar para um amigo; me manter ocupada.*

Há outras ocasiões em que reconheço que não sou a pessoa de quem precisam. Que, apesar do que estão vendo (uma mulher dezoito anos depois da morte do filho, uma mulher não mais imobilizada pela dor), algo trouxe meu luto perto demais da superfície, e eu não posso deixar que ele suba para tomar ar.

Por fim, há ocasiões em que eu entendo errado. Quando digo *sim, lógico que eu ficaria feliz de ajudar*, e aí me encontro com a pessoa que me indicaram e percebo com um tremor que cometi um erro terrível. Que a dor da pessoa está intensa demais, ou parecida demais com a minha, ou simplesmente *excessiva*, e sinto uma torrente de luto dentro de mim. Lágrimas surgem nos meus olhos, e digo que lamento a perda da pessoa, quando, na verdade, é pela minha que estou chorando.

Talvez seja difícil ser colocado no papel de amparo da perda de alguém, por mais distante que você esteja da sua perda, e acho que se afastar às vezes é o mais inteligente a se fazer, pelo bem de ambas as partes. Se você não estiver em condições de oferecer apoio, o apoio que daria seria dispensável. Imagine um terapeuta que interrompeu uma sessão para secar as próprias lágrimas. Um massagista dolorido demais para conseguir destravar suas costas. Sempre há outras pessoas que podem ajudar.

Se oferecer apoio assim não é algo que você possa fazer (os motivos não importam; você nunca precisa justificar, nem para mim, nem para ninguém), há outras formas de ajudar os outros se você quiser. talvez perceba que consegue escrever sobre suas experiências na internet, ou para uma *newsletter* produzida por um hospital, e que suas palavras oferecerão um consolo necessário.

Você pode compartilhar um link ou um número de telefone de serviço de apoio com seus amigos, para garantir que mais pessoas saibam sobre um serviço do qual podem precisar um dia. Também pode dar um retorno aos profissionais que lidaram com seu ente querido nos dias finais, para que eles entendam o que está sendo bom e o que não está e, assim, possam oferecer um cuidado ainda melhor no futuro. Você pode dar um exemplar deste livro a um amigo, ou à biblioteca da sua cidade, para que mais pessoas tenham acesso a ele.

Retribuir ajudando os outros é mais do que oferecer um ombro físico para alguém chorar; é iniciar conversas e abrir espaço para as histórias dos outros; é educar e informar; é tentar tornar a vida de outra pessoa um pouquinho melhor; é permitir que de uma coisa tão horrível venha algo de bom.

Eu agora já percorri muitos quilômetros desde a morte do meu filho. Às vezes, escuto uma história de perda sem oferecer a minha para comparação, sem nem pensar em como foi para mim.

Às vezes.

Em outras ocasiões, sinto a tristeza se insinuar, e meu coração se aperta tanto que não confio em mim mesma para falar. Eu luto para mudar de assunto, para seguir para um terreno mais seguro a fim de proteger nós dois, porque não estou dando pé e, se você se agarrar a mim, nós dois vamos nos afogar.

Desde que meu primeiro livro foi publicado, tive a sorte de receber exemplares de livros a serem lançados para possível apoio. Eu sempre fui bem aberta sobre as minhas experiências com o luto e, quando esses livros exploram uma perda, especificamente a perda de uma criança, o editor costuma incluir um recado. *Espero que este lindo retrato do luto tenha significado para você*, ele pode dizer, ou *Acho que você vai se identificar com este.*

Às vezes (e eu sou grata demais por esses) o bilhete só diz: *Só leia se conseguir.*

Muitas vezes, eu não consigo. Há ocasiões em que não posso nem ter o livro na minha estante. Em outras, começo a ler o livro e preciso fechá-lo porque eu mesma poderia ter escrito aquelas palavras, porque sei que vão acabar comigo. Eu paro não porque os livros são ruins, e sim porque são bons demais, ou porque é como se as minhas emoções tivessem sido arrancadas de mim e colocadas no papel, e é demais para eu suportar.

Eu me sinto culpada porque sei que "passar adiante" como autora significa apoiar outros escritores, e quem melhor para respaldar um livro sobre luto do que alguém que pode dizer, com a mão no coração em pedaços, que todas as palavras ali são verdade?

Eu sou escritora. Sei escrever sobre luto com mais facilidade do que consigo ler sobre ele. Sei escrever com mais facilidade do que consigo falar. Este livro é minha forma de ajudar os outros, de alcançar pessoas que querem apoio. Houve momentos na escrita dele em que precisei parar e recuperar o fôlego; momentos em que precisei fechar o arquivo e dar um tempo, às vezes por semanas seguidas.

Quando oferecemos apoio, tudo bem que seja nos nossos termos. Tudo bem delimitar esse apoio determinando o *quando*, o *quem*, o *quanto*.

Só leia se conseguir.

Diga sim para apoiar uma pessoa sofrendo uma perda se conseguir.

Escute a história dela se conseguir.

Passe adiante se estiver pronto. Aceite se não estiver.

Tem mais de três anos que fiz pela primeira vez minhas "promessas de luto". Eu entro no Twitter e olho as mensagens, como faço na maioria dos dias. Apago as indesejadas e passo os olhos no restante, porque, apesar de todas merecerem resposta, algumas mensagens precisam ser respondidas mais rápido do que outras.

Eu perdi meu pai em fevereiro...

Minha irmã tirou a própria vida...

Sinto tanta falta da minha esposa que não consigo suportar...

As pessoas escrevem por causa das promessas ditas a elas. Porque as minhas palavras deram a elas um vislumbre de esperança e porque é da natureza humana procurar uma pessoa quando sentimos uma conexão com ela. Hoje em dia, recebo só umas poucas mensagens por semana, mas, nos primeiros meses depois que postei as promessas, foram milhares. Minha caixa de mensagens se tornou uma coisa viva, mudando constantemente de forma quando novas mensagens empurravam para baixo as antigas. Eu senti medo. O que poderia dizer àquelas pessoas quando elas pediam conselhos? Eu não era psicoterapeuta nem psicóloga de luto. Eu me sentia uma fraude.

Entretanto, as pessoas não queriam conselhos. Elas queriam contar suas histórias e me agradecer por eu oferecer esperança. Queriam me contar para quem tinham enviado suas promessas e por que as minhas palavras tinham chegado na hora certa. Elas queriam dizer obrigada.

Na minha caixa de entrada hoje há uma mensagem de uma pessoa com quem já me correspondi antes. Subo a página para lembrar o contexto e solto o ar quando sinto a mágoa dela de novo. A primeira mensagem chegou logo depois que postei as promessas, vários anos depois que o filho adolescente dela tinha morrido num acidente, quando ela estava tomada por desespero.

É um inferno na vida, escrevera ela. *Todos os dias, eu quero morrer também.*

Eu sinto muito, respondi na época. Essas palavras sempre parecem inadequadas, não é? No entanto, quando faladas com sinceridade, são as únicas palavras que precisamos dizer. Sinto muito pela sua perda, pelo que você está passando, pelo inferno que está enfrentando. Sinto muitíssimo que isso tenha acontecido com você. É uma coisa pequena de se fazer, oferecer algumas palavras como consolo, mas passar adiante não pede palavras extravagantes. Às vezes, são as pequenas coisas que fazemos que provocam mais diferença.

A mensagem de hoje é mais longa do que a primeira.

Eu salvei suas promessas, disse ela. *Eu as leio quando tenho a sensação de que não conseguiria fazer isso. Encontrei-as hoje, e elas me fizeram perceber quão longe cheguei. Ainda é horrível, mas estou bem.*

Eu soltei o ar. Já ouvi milhares de histórias de luto, mas quase nunca fico sabendo a continuação. Eu me sinto privilegiada de ter sido parte da jornada daquela mulher e agradecida a ela por me escrever de novo. Penso na mulher que apareceu na minha porta com flores e penso que talvez eu tenha retribuído o gesto dela para outras pessoas.

DEZESSETE

Eu prometo que você não vai esquecer

Depois que Alex morreu, perdi a memória. Não desapareceu completamente, mas ficou inconstante e nada confiável, como um amigo relapso que chega tarde ou nem aparece. Esqueci aniversários e compromissos, o nome de pessoas que eu conhecia havia anos. Acontecimentos do meu passado recente pareciam confusos, como se eu estivesse relembrando histórias que tinha ouvido de outra pessoa em vez de tê-las vivido eu mesma.

Certo dia, eu estava no banheiro, matutando para lembrar por que estava ali. Olhei para a desconhecida no espelho, o rosto encovado e com olheiras, listando os motivos que faziam as pessoas irem ao banheiro. Eu não precisava usar o vaso nem de um lenço de papel. Já estava vestida, então não podia ter ido para tomar um banho. Eu abri gavetas, procurando uma dica, antes de me dar conta de que estava segurando a escova de dentes. Em algum ponto entre pegá-la e botar pasta nela, eu tinha esquecido o que estava fazendo.

Achei essa perda de controle apavorante. Eu era responsável por três crianças pequenas, mas mal conseguia cuidar de mim. Alguns dias depois, parada na entrada da garagem da nossa casa, olhei para o painel do carro como se nunca tivesse dirigido, até que a memória muscular entrou em ação e lembrei como dar ignição.

O cérebro de luto é, como os jovens dizem, um bagulho. É um fenômeno tanto quanto o cérebro de mãe de recém-nascido, descrito com palavras autodepreciativas por muitas mães logo depois do parto. O adjetivo é intercambiável. O cérebro de divórcio, o de nervosismo em provas, o de primeiro amor. As preocupações e obsessões que nos consomem de forma tão completa que não há espaço para mais nada. Mais nada é importante.

Embora possamos fazer piada sobre perder a cabeça se ela não estivesse presa ao pescoço ou descobrir que você guardou a chave na geladeira e não na gaveta, é apavorante sentir que está perdendo a cabeça. Eu botava batata para assar no forno e me esquecia de tirar; percebia no corredor de comida congelada do supermercado que ainda estava de pantufas. O cérebro de mãe de recém-nascido e o de primeiro amor duram pouco (o bebê começa a andar, a paixão alucinante passa), mas, com o luto, a coisa é mais duradoura. Eu estava morrendo de medo de que minha memória fraca fosse permanente.

Se você estiver lutando com o esquecimento, vai sentir alívio de saber que não foi. Muitas vezes, vejo que quanto mais tentamos não pensar em algo, mais essa coisa se fixa na nossa cabeça, e naquele tempo eu estava me esforçando muito para não pensar em luto. Eu o estava empurrando para o mais fundo de mim possível, certa de que me partiria ao meio se eu deixasse que subisse para a superfície. Contudo, o luto é bem mais forte do que nós, e eu ainda estava bem no começo.

Comecei, com hesitação, a deixar um pouco do meu luto sair. A me avaliar de manhã e planejar meu dia de acordo com o que eu estivesse sentindo, e não com o que eu achasse que deveria estar fazendo. Reconhecer meu luto parecia deixá-lo mais calmo, como um cachorro agitado que se aquieta quando todo mundo lhe dá um oi. Eu tinha mais espaço na cabeça de novo, e minha memória começou a se estabilizar.

Isso não é neurociência. Quem não fica mais esquecido e distraído quando algo grandioso está acontecendo na vida? Entretanto, estou contando isso aqui porque, como eu, você talvez não reconheça o que está acontecendo na hora. Pode parecer assustador e que você vai ficar assim para sempre, e espero que te ajude a ver que é normal e passageiro, como tantos sintomas do luto.

Se começar a liberar meu luto ajudou minha memória recente a se acertar, o efeito nas lembranças do passado mais distante pareceu ser o oposto. Enquanto me recuperava, descobri que mal conseguia lembrar a primeira vez que segurei meu filho, nem a sensação de trocar o macacãozinho dele.

Nosso tempo juntos foi passado num único ambiente. Não houve viagens extravagantes e marcantes nem reuniões familiares, só momentos silenciosos e tensos de esperança e desespero. No dia em que ele morreu, troquei a roupa dele e lavei seu cabelo, li histórias e cantei cantigas de ninar, tentando espremer uma vida de lembranças naquelas horas finais. A experiência foi dolorosamente visceral: todos os sentidos foram ativados, todas as terminações nervosas foram tomadas de amor e luto. Agora, eu não conseguia mais me lembrar do peso dele nos braços, do cheiro dele. Não conseguia me lembrar do tom exato do cabelo dele nem da sensação dos dedinhos dele se fechando nos meus. Cinco semanas não foram tempo suficiente para criar lembranças duradouras.

Quando meu pai morreu, sentei para escrever uma homenagem e percebi que minha memória estava me decepcionando de novo. Eu tinha me esquecido de tanta coisa. Eu me lembrava do meu pai de um jeito abstrato, como se estivesse fazendo uma descrição dele para outra pessoa em vez de sentir dentro de mim. Quanto mais eu tentava capturar a essência dele, mais ele fugia, até não ficar evidente se eu estava pensando nele ou numa lembrança ao seu respeito. Como contar uma história tantas vezes que você acaba esquecendo a origem dela. Parecia que 35 anos também não eram tempo suficiente.

Quanto tempo *você* teve?

Dois anos? Trinta? Cinquenta?

Não foi suficiente, foi? Como poderia ser? Nunca é suficiente. Não é suficiente para construirmos as lembranças que queremos nem para marcá-las a fogo no nosso coração.

No entanto, eu prometo que você não vai esquecer. Não mesmo.

Fico constantemente fascinada pela memória dos meus filhos, pelo jeito como os acontecimentos marcantes podem passar sem deixar sequer uma sombra, mas a menor das ocasiões pode ficar marcada na mente deles.

— A gente já veio aqui! — disse um dos meus certa vez, com uns quatro ou cinco anos, quando paramos no estacionamento comum de um supermercado onde eu não me lembrava de ter ido. — Eu estava usando uma calça com bolsos!

Meus filhos se lembram de coisas obscuras: damasco seco comido num avião aos dezoito meses. Palhaços que eles viram na Legolândia quando os três ainda usavam fraldas. O nome do meio de um colega de turma que eles viram pela última vez dez anos atrás.

Contudo, quando eu pergunto sobre o avô, uma expressão confusa surge no rosto deles.

— Ele tinha cabelo branco? — pergunta um, cheio de dúvida.

Sorrio e faço que sim, mas estou destruída por dentro por perceber que meus filhos estão crescendo sem a influência do homem mais inteligente e gentil que eu conheci.

Tanto do meu luto pelo meu pai não é por causa do meu relacionamento com ele, e sim pelo fato de que ele não chegou a ver meus filhos crescidos.

— A gente se sentava no colo dele pra ouvir uma história — diz outro.

Eu me agarro a essa aparente lembrança.

— É verdade! Ele lia muitas histórias.

Os outros colaboram, acrescentam detalhes à lembrança, mas vejo os olhos deles se desviarem pela cozinha para o local onde várias fotos estão presas a um quadro. Em uma, meu pai está sentado embaixo de uma pilha de crianças, lendo *O Grúfalo* em voz alta. Sinto meu peito se expandir e fico com a sensação de que talvez exploda. Eles estão descrevendo uma foto. Eles não se lembram, não de verdade.

— Ele me ensinou a dar corda no relógio de coluna — diz meu mais velho de repente. Ele conta que teve permissão de abrir o gabinete, que a chave de cem anos resistia à mãozinha dele. Que o vovô o levantou para girar os ponteiros no mostrador do relógio e que o sino tocava cada vez que passavam do doze. Ele conta com tanta convicção que meu peito relaxa. Com tantos detalhes que eu também consigo ver. Essa lembrança não era minha, mas agora é.

Há um motivo para tantas pessoas encontrarem uma sensação de paz em funerais e memoriais. Sim, eles oferecem uma espécie de encerramento, porém, mais do que isso, nos dão oportunidade de lembrar. Tributos de velhos amigos nos permitem ter uma visão de quem as pessoas eram antes de as conhecermos, ou nos lembram de histórias que achamos ter esquecido. Estar num salão de igreja comendo sanduichinhos é uma oportunidade de compartilhar nossas lembranças e aprofundar nossa compreensão dos nossos entes queridos, mas não precisamos confinar essas conversas a velórios. Se você tem a impressão de que suas lembranças de alguém estão perdendo o contorno e se tiver força para isso, tente conversar com outra pessoa que conhecia esse alguém. As memórias são monstrinhos instáveis e são fáceis de despertar quando adormecem, e conversas podem reviver momentos que você podia pensar ter perdido. Conversar sobre as pessoas que amamos e perdemos pode nos ajudar a mantê-las vivas na memória coletiva.

Às vezes, falar é demais. Queremos guardar nosso luto para nós, ou não conseguimos encontrar as palavras para compartilhar, ou não tem ninguém que conhecesse seu ente querido bem o suficiente. Há outras formas de lembrar. Você pode pegar as roupas ou olhar fotografias da pessoa. Ler um livro que ela amava e passar o dedo pelas dobras nos cantos. Arriscar um prato de livros de receitas anotados com caligrafia cuidadosa, ou de anotações nas margens de um livro de culinária antigo. *Não deu muito certo. Tentar com três ovos?* Além de esses itens tangíveis servirem como lembranças, também fortalecem nossa conexão com aqueles que não estão mais conosco.

Meu primeiro livro é dedicado ao meu filho. Quando foi publicado, eu o vi em estações de trem e aeroportos no país todo, em supermercados e lojas de rede e em livrarias pitorescas em praças. Quando vendeu um milhão de exemplares, eu parei um momento para imaginar tanta gente o pegando, avaliando a capa, marcando a lombada. Eu as imaginei lendo as palavras naquela primeira página.

Para Alex.

Meu menino, lembrado um milhão de vezes.

É isso que nós fazemos. Nós plantamos árvores e gravamos o nome das pessoas que tanto amamos em pedra. Fixamos placas em bancos. Participamos de corridas com o nome delas no peito. Escrevemos livros para elas. É assim que as honramos, como contamos a desconhecidos sobre elas. É assim que nos lembramos delas.

Quando eu quero me lembrar do meu filho, me lembrar de verdade, abro a caixa em que guardo os pertences dele. Toco na marca de mãozinha, feita com tinta, e na do pezinho impossivelmente pequeno. Leio as manchetes do jornal do dia em que ele nasceu. Esses objetos geram uma onda de lembranças para a qual estou preparada. Eu me lembro das unhas em miniatura, rosadas e transparentes e tão afiadas que ele se cortou. Eu me lembro do tremor de surpresa quando fiz cócegas na sola dos pés dele, me lembro de pentear o cabelo dele e de me perguntar se os fios ruivos (minha contribuição aos genes dele) não iriam embora. Eu me lembro de conversas com outros pais na ala, da gentileza da equipe de enfermagem. Da alegria sufocante que senti quando fui levada de cadeira de rodas até a UTI neonatal para conhecer meus filhos, do momento mágico em que nossos olhares se encontraram pela primeira vez. Eu me lembro de tudo. Não esqueci.

Eu ainda sou capaz de entrar num aposento e esquecer na mesma hora por que estou lá, mas já ouvi de fontes confiáveis que gente da minha idade faz isso. Eu recuperei o discernimento de pensamento que já tive, a argúcia que não valorizava antes de sofrer o luto. Eu percebi que esquecer é parte do processo de luto. Esquecer como era ser tomada pela dor, sentir o mundo desmoronando ao seu redor. Esquecer o horror daqueles primeiros dias.

Como a maré que cobre uma praia de pedras, o tempo suaviza as arestas e pontas afiadas das nossas lembranças, e às vezes parece que estamos perdendo tanto o doce quanto o amargo. Entretanto, basta fecharmos os olhos e andar devagar para trás, para os momentos que importaram. Eles estão todos lá, guardados com todo o cuidado. Nós não os esquecemos. Não de verdade.

DEZOITO

Eu prometo que não vai doer assim para sempre

JÁ FIZ ESSA PROMESSA, eu sei. Contudo, quero que essa seja a que você vai ver se for do tipo de pessoa que começa o livro dando uma conferida no fim. Quero que grude na sua mente se você já tiver lido duas vezes, ou se estiver lendo por último, porque essa promessa é a mais importante. Também é a mais difícil de acreditar. A dor do começo da perda é tão intensa que é impossível imaginar que vai diminuir. Entretanto vai. Confie em mim.

Eu imagino o luto num gráfico, como a Bolsa de Valores ou as conquistas de uma pessoa fazendo dieta. O tempo marcado na linha horizontal: nossa sobrevivência indicada primeiro em horas, depois semanas e meses e anos. Na linha vertical, marcos de bem-estar emocional: feliz, estável, destruído. Uma linha preta grossa marca nosso progresso hesitante pelo luto, começando fora do gráfico, no abismo da perda recente: a dor intensa, sufocante, impossível de descrever para quem não sentiu.

Se pudesse olhar para o futuro, você veria a linha do seu gráfico subindo lenta e regularmente. Seria interrompida em algumas ocasiões por quedas bruscas, mas vai subir de novo, a curva continua. Para cima, sempre para cima.

Houve uma época, anos depois que Alex morreu, em que eu percebi que minha recuperação estava mais lenta. O tempo continuou passando, mas a linha que antes estava subindo para o céu com regularidade agora só apontava para leste. Nem para o norte nem para o sul. Permaneceu assim por dois, talvez três anos. *Não vai ficar melhor do que isso*, escrevi no meu diário. Nem feliz nem triste, nem melhor nem pior. Eu me lembro do aperto de desespero quando percebi que me sentiria assim para sempre, meu luto massivo e pesado dentro de mim. Era o melhor que eu me sentiria.

Eu estava errada.

Não sei por que minha recuperação ficou mais lenta daquele jeito, pelo tempo que ficou, mas devia ter sido o que minha cabeça e meu coração precisavam na época. Porque, no seu tempo, a linha voltou a subir.

Este ano, meu filho teria feito dezoito anos. Ele estaria pegando meu carro emprestado, visitando universidades, planejando um ano de pausa nos estudos para viajar e se lançar em aventuras. Talvez fosse apaixonado por esportes, música ou teatro. Talvez ficasse obcecado pelo espaço, pelas árvores ou pelos computadores. Ele e o irmão gêmeo teriam sido inseparáveis.

É doloroso pensar no que poderia ter sido, e eu tento lembrar como isso é sem sentido. Ninguém sabe o que qualquer um de nós poderia ter conseguido se não tivéssemos seguido o caminho que seguimos. Eu talvez tivesse ficado na polícia e me tornado oficial sênior, mas acabei virando escritora. Talvez tivesse levado quatro filhos para casa ao sair do hospital, mas só saí com três. A estrada da vida é cheia de bifurcações, e cada uma nos leva numa direção diferente. Às vezes, temos o luxo de decidir qual caminho tomar, de voltar e tentar outra rota se não gostarmos da primeira. Em outras ocasiões, não temos escolha além de seguir andando, aproveitando a jornada da melhor maneira possível.

Você e eu não escolhemos esse caminho em que estamos. Nós não queríamos nos encontrar aqui, neste clube do qual ninguém nunca pede para participar. No entanto, aqui estamos, caminhando, se não lado a lado, quase na mesma direção, procurando as pessoas que éramos antes que o luto nos engolisse por inteiro.

É difícil não imaginar o que meu filho estaria fazendo agora. É difícil ver o irmão gêmeo dele indo à escola todo dia de manhã e não me perguntar quais matérias Alex teria escolhido para estudar. Cada ano que passa, cada marco perdido, é uma farpa no coração.

Contudo, esses momentos são marcos para nós também. São medalhas pelas quais lutamos e temos que usar com orgulho. São prova de que ainda estamos de pé, de que mantivemos a cabeça acima da água por mais um ano.

A jornada pelo luto não é fácil. São pedras pelas quais atravessamos um rio, algumas mais fáceis de alcançar do que outras. Às vezes, escorregamos e caímos na água, e seria mais fácil ficar lá, nos afogando no luto, mas não, não fizemos isso. *Você* não fez isso. Você se levantou.

Você recuperou o equilíbrio e seguiu em frente. Você leu este livro.

Cada vez que caímos, fica um pouco mais fácil nos levantar. A morfina do luto é o tempo. O tempo não cura por si só, mas nos mostra que podemos seguir em frente. Suaviza as bordas da nossa dor e põe alguma distância entre nós e nossa perda, para que possamos enxergar com mais discernimento. Mostra que a vida vale a pena, mesmo sem nossos entes queridos.

Dezoito anos atrás, tive que lembrar a mim mesma de respirar. Todos os dias, eu me obrigava a me levantar, a botar um pé na frente do outro, até que um dia não precisei mais lembrar. Eu simplesmente saí andando. Estava respirando, me levantando, andando. Não prosperando, e sim sobrevivendo. Entretanto, ainda assim, sobrevivendo.

Com o passar do tempo, cresci em torno do meu luto, como uma árvore em volta de grades de ferro.

Comecei a viver de novo.

Comecei a prosperar.

Não estou "melhor". Estou em recuperação, e sempre vai haver dias em que vou ter uma recaída. Desconfio que sempre vou mudar o canal da televisão quando mostrarem bebês na UTI; que sempre vou ficar pensativa quando vir gêmeos. Eu sempre vou sentir saudades do meu filho. Sempre vou chorar por ele. Sempre vou desejar que a vida tivesse dado uma carta diferente para nós. Entretanto, eu também sei que sempre vou sorrir para narcisos, grata à mulher que apareceu na minha porta com uma promessa que eu nunca achei que fosse se tornar realidade. Eu sou mais do que meu luto agora, e você também vai ser.

Se estiver sufocado por sua mera existência, eu prometo (de coração) que vai melhorar. Só viva o dia. Se isso for demais, viva a próxima hora, o próximo minuto, um único segundo. Um passo de cada vez, uma respiração de cada vez.

Eu prometo, enquanto ando lado a lado com você no seu luto, que vai melhorar.

Nem sempre vai doer assim.

Algumas coisas práticas que me ajudaram:

Livros
Exercício físico
Estar em contato com a natureza
Tomar um banho
Anotar o que sinto
Fazer listas
Ajudar outras pessoas
Nadar na água fria
Comidas reconfortantes
Usar roupas confortáveis
Assistir aos meus programas favoritos
Estar com animais
Desligar a internet
Permitir meu luto

Os seguintes livros foram úteis para mim:

Não ficção

As cinco pessoas que você encontra no céu, Mitch Albom

The Madness of Grief, Richard Coles

O ano do pensamento mágico, Joan Didion

Razões para continuar vivo, Matt Haig

A Manual for Heartache, Cathy Rentzenbrink

Grief Works, Julia Samuel

Ficção

O que contamos ao vento, Laura Imai Messina

Hamnet, Maggie O'Farrell

Luto sem medo, Max Porter

The Trick to Time, Kit de Waal

Agradecimentos

Eu não planejava escrever este livro, e não teria feito isso se não fosse a reação extraordinária aos tweets que postei no aniversário da morte de Alex. Por esse motivo, o agradecimento mais importante tem que ser aos milhares de pessoas que compartilharam comigo suas histórias de luto e recuperação. Eu me esforcei muito para responder a todos, mas as mensagens chegavam tão rápido que eu mal conseguia dar conta. Se você me escreveu, saiba que eu li suas palavras e fui tocada por elas, e que você é a inspiração por trás deste livro. Ao escrevê-lo, trabalhei em outra camada do meu luto, e também sou grata por isso. Obrigada.

Eu tinha medo de que escrever um livro sobre luto fosse autoindulgência, que fosse arrogante da minha parte supor que eu teria algo novo a dizer. Sou muito grata às minhas agentes, Emily Harris e Sheila Crowley, que ofereceram apoio incondicional desde o momento em que mencionei o projeto com hesitação e que encontraram uma casa para ele com a maravilhosa equipe da Sphere. Emily Barrett trouxe as próprias experiências de luto para estas páginas, me guiando pelo processo editorial com extraordinário cuidado e extraordinária visão. É um privilégio trabalhar com ela.

Há tantos amigos, antigos e novos, que me apoiaram no meu luto e na escrita deste livro. Não há espaço para listar todos vocês, e isso por si só é uma coisa maravilhosa de perceber. Obrigada por estarem ao meu lado.

Finalmente, meu agradecimento à minha família. Este livro exigiu muito de mim, mas escrevê-lo cercada de amor fez um mundo de diferença. Eu tenho muita sorte de ter vocês.

Este livro, composto na fonte Fairfield,
foi impresso em papel Ivory Slim 65g/m² na Grafilar.
São Paulo, setembro de 2025.